不登校小学生ねね
父娘自転車旅行記

能登半島一周編

恩田茂夫
Shigeo Onda

Parade Books

能登半島で出会えた多くの方々に、励まされ、親切にしてもらい、
たくさんの元気をもらった父娘です。
能登半島のみなさんへの感謝の想いを残したいと思って作った本です。
能登半島に救われ、能登半島をだいすきになった余所者の、感謝の想いです。
どうか、ゆっくりと、元気になっていってくださいますように。

ゆっくりと
しっかりと
確かに　輝いた　夏……　二〇〇八年

もくじ

1 ねねの不登校

私はねね、九歳だ。

四年生らしい。

小学校に行かなくなって一年近くになる。だから、もうすぐ夏休みだけれど、普段と生活はあまり変わらない。

いじめやいやがらせのひどかった小学校へ無理して通っていたのが弾けるように壊れてしまったのは、三年生の秋になる頃だった。初めのうちは、涙がこぼれてきてもランドセルを背負った。玄関でしゃがみこんでしまったこともあるし、マンションの一階までは降りたけれど戻ってきてしまったこともある。通学路をおとうさんと一緒に歩いていったこともあった。でも、校門までたどり着くことはなかった。学校に近づくと空気が濁ってきて、粘り気を帯びてくる。苦しくなって、世界が灰色に見えてくる。

おとうさんは言った。「いやだけど行く、とか、行きたいけど行かない、というのはあるかもしれないけれど、行くけど行かない、というのはないいんだよ。最終的には『行く』か

『行かない』かだ」

苦しかった。

〝行かない〟を選ぶことさえ苦しかった。毎日、朝が来ると、選ばないといけなかった。

〝行かない〟を選んだ私に、おとうさんは「わかった」とだけ言った。

それがどのくらい続いただろう。おとうさんが家で勉強をみてくれるようになった。

「どうする?」「行かない」「わかった」そして、「学校に行かないとしても、だらしない生活をしちゃだめだ」と言われた。

登校していたときと同じ時刻に起きて、朝食、歯みがき……「行かない」という気持ちを確かめて、算数の勉強を始めた。漢字の練習、国語の音読、理科、社会、おとうさんとリコーダーを合奏、針仕事、水彩画、習字……

午前中の公園で体育もした。バスケットのゴールにシュート、長距離走、砂場で幅とび、なわとび、バドミントン、おとうさんを馬にして跳び箱がわり……

そんな生活を続けてきた。

暴力。〝ぶっ殺す〟〝死ね〟そんな言葉が平気で飛び交う教室。先生がシラッと嘘をつき、なかったことにされる、そんな学校へは、もう行きたくなかった。

私のしているような生活を、ホームスクーリングというのだそうだ。夏休みは、公園での体育が、区営プールへ行くことに変わる。

一年生のときの先生も二年生のときの先生も三年生のときの先生も、「学校のプールに来ないと泳げるようにならないよ」と言った。私は、自由参加だった夏休み中の学校のプール指導には、一回も行かなかった。一年生の夏休みになるまでには、もう学校のことは大きらいだったから。そのかわり、毎年、区営プールでおとうさんと練習した。一年生のときには、まだ顔を水につけるのも怖かったけれど、少しずつ練習して、三年生の夏に平泳ぎで25メートル泳げるようになった。泳ぎきったとき、おとうさんは私を抱き上げて喜んで、もう一回私をプールへ投げこんだ。今年はクロールでも25メートル泳げるようになりたい……

学校に通っているとき、泳げないことで、たくさんバカにされたけれど、おとうさんは、「いつ、泳げるようになるかなんて、大した差はないんだよ」と言っていた。それから、「北島康介がもし、すっごい意地悪だったとしたら、全然泳げなくても優しい人のほうが素敵だろ」とも言っていた。そのとおりだと思う……　でも、優しさって、見えないものだ……

とにかく、そろそろ今年も梅雨が明ける。

不登校の私でも、開放的な気持ちになってくる……

2 自転車で旅行？

夏の旅行は、三歳のときから連れていってもらって、毎年、楽しみにしている。去年は、東北のあちこちをキャンプして回った。

「今年は自転車で旅行してみないか？」

おとうさんにそう言われたのは、梅雨明けを告げる大きな雷が遠のいていき、最後の激しい雨が暴れ倒して去っていった後の、夕ごはんのときだった。

「えっ？」

私は、おかずの〝とりっぴー〟（鶏肉とピーマンの中華風炒め）をのみこんでから声をあげた。

「そろそろ、ねねも大丈夫だと思うんだ。去年の夏も遠野を走ってみたし……」

去年の夏の一週間のキャンプ旅行中に、遠野の里をレンタルサイクルで走ったことを思い出した。あのときは、カッパ淵で水遊びをして、おとうさんが岩かなんかにひっかけてズボンを破いてしまった。「カッパに破られた！」なんてふざけていたっけ……　朝から夕方近くまで方々を走り回って、炎天下だったし上り坂もあって、ヘトヘトになったのを憶えている。

「あのときは、三十キロくらい走ったんだけど……　毎日続けてもっと長く走るサイクリング旅行をやってみないか？」

おとうさんは笑っているけれど、真剣なのが伝わってくる。

……私にできるのかなあ。体力もないし、球技をやってもかけっこをしても鉄棒をやっても、いつも同級生にも先生にも、ダメだダメだって言われてきた私に、そんなこと、できるのかなあ。自転車の補助輪がとれるのも遅くて、ずっとバカにされていて、一年生の終わり頃にやっと補助輪なしで乗れるようになった……　そういえば、たくさん転んで自転車の練習をしているときにも、「いつ乗れるようになるかなんて、大した差はないんだよ」っておとうさんは言っていたっけ……

「大丈夫、やってみればできるよ」

戸惑っていた私に、おとうさんはゆっくりと言った。

「平泳ぎだって、ねねは結局、できるようになっただろ。ゆっくりとだけれどいろんなことができるようになっていくんだ。競争したり、スピード出したりするわけじゃない。勝ったり負けたりじゃないんだし……」

競争じゃない。勝ち負けじゃない……

「……そうだね。いつかやってみようって言ってたしね……」

一年生の頃に読んだ本を思い出した。たしか、図書館で借りてきた本だ。男の子とおとうさんがサイクリング旅行するお話。セミの声、山あいの村、夕立ち、宿がなくてバス停で寝たり……　あんなかんじになるのだろうか？

「でも、どこへ行くの？」

「どこかを一周したいって考えたんだ。島か半島。伊豆や房総は今までの旅行で行きつくしただろ。能登半島なんてどうかなって、少し、調べてあるんだ。」

夕ごはんを食べ終えたおとうさんは食器を台所まで運んでいき、戻ってきたときにはガイドブックを手にしていた。

「ほら、食べ終わったら見てごらん」

能登半島ってどこだっけな？　と私は日本地図を思い浮かべてみたけれど、はっきりとはわからなかった。

ごはんを食べ終えてからガイドブックを見てみると、私たちの住んでいる東京からは、ずいぶん離れているんだなあ、ということだけはわかった。

3 試走、シティサイクルで

ベランダの朝顔の花が今年初めて開いた朝、トーストを食べていると、おとうさんが言った。

「今日は自転車で浅草まで行くぞ」

平日なのに、勉強はしなくていいのかな、と思っていると、

「遠足だよ、ほおずき市へ」と言われた。

ほおずき市なら、小さい頃に連れていってもらったことがある。たくさんの人、お店がいっぱい並び、風鈴の音、オレンジ色のほおずき……

「自転車で長く走ってみなくちゃ」

そうか、旅行の練習か。

「……でも、今の自転車で旅行するの？」

今、私たちが乗っている自転車は、普通のシティサイクルだ。変速機のついているような自転車でなくちゃ、旅行なんて行けないいんじゃないかな？

「今の自転車である程度走ってみて、ねねがイヤなら無理に自転車旅行をさせるつもりはないんだ。来年でもいいし。」

そう言われて、私は頑張ろうと思った。

「大丈夫、疲れたとか、絶対言わないよ」

私が宣言すると、おとうさんはニコニコしながら、

「……別に……疲れたときは疲れたって言ってくれていいんだよ。ねねは、決めたことは守らなくちゃとか、きちんとしようとしすぎるのかもしれないよ」と言った。

でも、私は決めた。疲れたなんて言わない。能登半島を一周するんだから。

曇り空の下、シティサイクルでスタートした。ピンク色のくたびれた自転車。二年生になる直前、補助輪なしで乗れるようになってすぐ、買ってもらった。二十インチ。もう、今の私には少し小さいけれど、やっぱり愛着がある

東京北部の家を出て、幹線道路の歩道を走る。

「周りの人に危ない思いをさせない範囲で、いつもより少し早く走ろう」

前を走るおとうさんが振り返って大きな声を出す。そんなに大きな声でなくても聞こえるよ、ってくらいの。

「わかったあ！」

でも、私も大きな声を出してみた。東京の街中を走るだけなのに、この先に自転車旅行があるのだと思うと特別なかんじがしてくる。

三十分ほど走ると、小石川植物園へと降りていく播磨坂の横を過ぎた。このあたりまでなら、時々自転車で来ている。

「うん、いつもより速く走れているよ。休むか？」

「休まない！」

「はりきりすぎると、続かないぞ」

「大丈夫！」

富坂を下って、東京ドームを右手に上り坂にさしかかった。以前に湯島天神に行ったときには上り切れずに自転車を押していった坂だ。ペダルが重くなる。

「無理しなくていいぞ」とおとうさんの大声。でも、こんな坂を上れないようじゃ、自転車旅行なんて、きっとできない。

重い……

電動機付き自転車のおばさんがスイスイと私を追い抜いていく。

上り切った信号のところでおとうさんが停まって待っている。

もう少し……　もう少し……　体が左右に大きく揺れる。……　そして、追いついた。

「よし、すごいじゃないか。上れるようになったね」

おとうさんはうれしそうな顔をして私の頭の上にそっと手をおいた。

息が苦しいけど、うれしい。

上り切れたんだ。

4 「ここまでだあ」を越える

笑顔のおとうさんが訊いてきた。

「ぱぱす坂って覚えてるか?」

「うん」

小さい頃に住んでいたマンションからドラッグストアへと上っていく坂を、私たちはそう呼んでいた。補助輪つきの自転車をこいだ私が上っていくと、いつも途中で動かなくなってしまった。「やっぱりここまでだあ」と私が言うと、おとうさんは自転車をかついで上っていってくれた。いつも、同じところまでだった。

でも、〝ここまでだあ〟をいつかは越えなくちゃいけないんだ……　たぶんおとうさんは「いつ越えられるようになるかなんて大差ないんだよ」って言うだろうけど。

上野に近づくと坂が増える。五十分ほど走ると不忍池に着いた。

「少し、休もうか?」

私はもっと走りたかったけど、ベンチに座って水筒の麦茶を飲むことにした。

空が夏色に晴れ上がっているのに気がついた。そこに浮かんでいる雲も、ふわりとした優しい夏の雲に変わっていた。池いっぱいに蓮の葉が広がっている。

「ねねが二歳のときだったかな。上野動物園に来たとき、入口の前で『おとうさんと動物園だ。わあい！　わあい！』って、おっきな声で跳びはねてね、周りの人たちがニコニコしながら見ていたよ」

おとうさんは、私の小さい頃の話をするときにはいつも目を細めながらゆっくりと話す。

「それから何回か来るようになってね、『よし、今日も上野動物園に行くか』っておとうさんが言ったときにね、ねねが『ねえ、おとうさん、いつも上の動物園ばっかりだけど、下の動物園には行かないの？』って訊いてきたことがあったよ。」

私はゲラゲラと笑って、おとうさんはニコニコしていた。

「ちっちゃい子っておかしいよね。おとうさんも大笑いした？」

「笑わないよ。だって、すごいことじゃないか。上があるんだから、下はどうなんだろうって、言葉を覚え始めたばかりの子供が、一生懸命考えて訊いてきたんだよ。笑ったりしないよ。すごいね、って言ってから、上野っていう街にある動物園なんだよ、って教えた」

「そっかあ」

小さい私に、ゆっくり丁寧に話しているおとうさんを思い浮かべてみた。今よりちょっと、若いかな……

池に浮かんだ大きな葉のあいだにはいくつかの花が開いている。薄桃色の花は、開くときに小さく、ポンッと音をたてるらしい。

「よし、行こうか」

「うん」

雲は全て消えて、一面の青空が広がっていた。

やがて川の匂いがしてきて、雷門が見えてきた。自転車を停め、境内に入っていく。

オレンジ色いっぱいのほおずき……

涼やかな風鈴の音……

たぶん、自転車で旅行するって特別なことじゃないんだ。〝ここまでだあ〟を、ちょっと越えるだけなんだ……

家に帰ってくると夕方になっていた。往復三十キロ弱。なんとかなるのかな？　ドームの横の上り坂みたいなのが、旅行先ではずっと続くのかな？　ギアチェンジはそんな坂も楽にしてくれるのかな？

走り終わった気怠い疲れとともに、新しく湧き出てくる疑問を抱きながら、くたびれたピンク色のシティサイクルをしまった。

その二日後に、今度は西へ向かって走った。落合川のほとりにジャーマンアイリスの黄色い花がたくさん咲いていた。水遊びをした帰り、自転車の後ろから遠く雷の音が追いかけてきた。雨に降られる前に家に着いた。

「雨の中を走る練習ができてもよかったかもしれないな」とおとうさんが言った。

雨だけならいいけど、雷なんて鳴ったら怖いよ、と思った。

5 新しい自転車

その後もシティサイクルで試走した。

家では能登半島のガイドブックや自転車のカタログを眺めた。

「ねえ、おとうさん、私と自転車旅行にいきたい?」と訊いてみた。

「もちろんだよ」と答が返ってきた。

ピンクのシティサイクルには悪いけれど、新しい自転車に乗って夏の海沿いの道をおとうさんと一緒に走る自分を想像してみた。

きっとやれる、と思えるようになってきた。


区営プールが開いて三日目の夜、自転車屋さんが新しいマウンテンバイクを二台、届けてくれた。

マンション一階の自転車置場に並べられた新車は、今までのシティサイクルより、すごく大きくて強そうに見えた。水銀灯のあかりを浴びてピカピカに光っている。

　おとうさんもうれしそうに、おじさんから説明を受けている。〝クイックレバー〟という言葉がおじさんの口から飛び出して、カチッと音をたてて車輪がはずれた。魔法のようだった。自転車の分解のしかたを教わっているおとうさんはまるで生徒みたいだ。

　おとうさんの青い自転車が何回か分解され組み立てられ、私のピンク色の自転車が何回か分解され組み立てられた。

「お嬢ちゃん、何年生？」と訊かれた。

「あっ……　私……　四年生です……　学校、行ってないんですけど……」

　四年生って答えただけで学校へ行っていないことを話さないと、自分がずるいことをしているような気がしてしまう……　〝何歳？〟って訊いてくれればいいのに。

「へえ、そう……　おとうさん、学校、行かせてないの？」おじさんは今度はおとうさんに話しかけた。

「大丈夫ですよ」とだけ、おとうさんは静かに答えた。

　どうして〝学校に行かせてない〟なんて言うんだろう。私が〝行っていない〟のに。

　私は、今までに体験したいろんなイヤなことを思い出してしまった……

　児童相談所や警察の人が家に押し掛けてきたこと。先生が嘘をついていじめがなかったことにされたこと。私が嘘つきにされたこと。近所のおばさんたちの悪口。公園で体育をしていると「今日は学校はどうしたの」って訊かれること……

みんな、自分の信じたいようにしか信じようとしないし、自分の都合のいいようにしか信じようとしないんだ……

「大丈夫です」と私も答えた。

新しいマウンテンバイクの太いブロックタイヤは、まるで戦車のキャタピラのように強そうだった。

私は、自転車置場の隅にうずくまったピンク色のシティサイクルに「ごめんね」と声をかけて、その優しくひび割れたタイヤをなでた。

6
試走、マウンテンバイクで

新しい自転車が来て二日後に初乗りをした。井の頭公園まで、往復三十五キロほどの道のりだ。

朝、おとうさんがガタガタと、分解収納されていた自転車を四階から一階までおろした。二往復して二台をおろしたときには、おとうさんは汗びっしょりになっていた。

そして、組み立て。フレームの両脇に固定されていた両輪を前と後ろに装着、Vブレーキをはめる。後ろの荷台を付ける。おおまかにいうとそれだけだけれど、まだ慣れていないのでおとうさんはさらに汗だくになり、水をかけられた猫のようになっていた。

私には、運んだり組み立てたりはできないけれど、車体を支えたり、ネジや工具を渡したり、汗をふいてあげたり、できることはしてあげなくちゃと思った。だって、私のためにこの旅行を計画してくれたんだってことはわかっているから……

「あれ、ブレーキが上手く入らないぞ」

「これじゃ、タイヤが動かない」

ブツブツ言いながら、おとうさんが二台を組み立てるのに、三十分くらいかかった。

さあ、初乗りだ。ハンドルが硬い。サドルも硬い。

「走りながらギアチェンジしてごらん」と言われて、ハンドルのグリップを回してみた。何回かやっているうちに上手くいった。

「ハンドルを見つめてちゃ危ないよ、前を見ながらだよ」

スピードを落として私の横に並んだおとうさんが言った。

変速するたびにペダルが重くなったり軽くなったりするのが不思議だったけれど、心地よかった。

「気をつけて、車道を走ろう」と言われて、おとうさんの走る軌道を追いかけた。スピードを出すと、ブーンという軽い音が自転車から発しているような気がした。シティサイクルにはなかった感覚だ。

一時間ほど走ってから小さな公園で休憩した。自転車から降りるときに、シティサイクルと違ってサドルの前にフレームがあってそこに足を引っかけて転びそうになってしまった……　のは私でなくておとうさんの方だった。ホントにドジなんだから……

平坦な道のりを走ってきただけなのに、手のひらにハンドルのギザギザ跡がついていて少し痛い。それを見せると、

「お尻の皮だってむけるかもよ」と言われた。ゲゲッ、ぞっとする。

その後、坂道でギアチェンジをためして、善福寺公園に着いた。水鳥が浮かんでいる池の周りの柵に自転車を立て掛けた。二台のマウンテンバイクが並んでいると、ちょっとかっこいいな、と思った。

おとうさんの青い自転車は二十六インチ。私のピンク色の自転車は二十四インチ。ゴツゴツした太いブロックタイヤ。がっしりしたフレーム。家の自転車置場に残されたピンクのシティサイクルを思い出して少し申し訳ない気持ちにもなったけれど、でも、私は、このマウンテンバイクで頑張るんだ、能登半島を一周するんだ、という気持ちになってきた。

7 自分のエリアで

善福寺公園の中には資料館のような建物があって、そこで〝泥の芸術展〟というのがやっていた。好奇心旺盛なおとうさんがスタスタ入っていったのでついていくと、きれいな作品がたくさん展示してあった。私はシンプルな〝泥だんご〟が気に入った。どれもツルツル、ピカピカでいろんな色をしていた。髭を生やした作者らしいおじさんとおとうさんはすぐに仲良くなって話していた。おじさんは自分の泥だんごを、とてもうれしそうに紹介してくれた。聞いていて、こっちまでうれしくなった。おとうさんは、私たちがこれから自転車旅行をするんだ、と話をした。知らない人に話してもしょうがないのに、と思っていたら、「一度話したら、知らない人にでも、約束は約束だ」と言われた。

十五分ほど走ると、井の頭公園に着いた。電車で来たことはあったけれど、自転車で来れるとは。どこまで自転車で行けるんだろう？　夏の空に、ポッカリと雲が浮かんでいた。

園内は人が多くて、露店も出ていて、アクセサリーなども並んでいる。トランペットを練習している音が聴こえる。いろんな人がいて、それぞれ、自分のエリアを築いているんだな、と思う。池には白鳥ボート、手こぎボート、鴨の群れ。

自転車はベンチの横で留守番。私たち二人はお散歩だ。

芝生広場を横切っていると、自転車に乗ったおじさんが「あぶないぞ」と言いながら過ぎていった。シートを敷いて横になっている人も多いのにこんなところを自転車で走るほうが悪いんじゃないかと思っていたら、やっぱりおとうさんが、

「お前のほうがあぶないだろ、降りろ！」と言った。おじさんはそのまま行ってしまったが、誰とでも仲良くなるくせに誰とでも喧嘩するおとうさん。子供みたいだ。

芝生広場だからよちよち歩きの赤ちゃんもいるし、お弁当を食べている人もいる。そんなところでもテニスボールを空高く打ち上げている人もいる。

他人のエリアを侵害する人ってイヤだなって思う。でも、私にはきっと〝侵害しないで下さい〟って伝える力がおとうさんみたいに備わっていないのかもしれない。

公園内には動物園があって、リス園という別のスペースもあった。ちっちゃなリスたちが私たちの足元を走り回り、実をかじっていたり……　踏んづけちゃったらどうしよう、なんて思っていたけれど、もちろんそんな心配は必要なかったようで、リスたちの動きに囲まれてウキウキした気分に変わっていった。おとうさんはいたずら者だから、リスを捕まえよう

とあっちへこっちへとフラフラしていた。

たくさん遊んで家に帰ると夕方五時になっていた。疲れもお尻の痛みもなかった。

「旅行中は今日の倍くらい、毎日走るぞ」とおとうさんはおどかしたけれど、私は「大丈夫だよ」と答えた。

リスたちも元気だったし、私は私のエリアで頑張ろう、そんな気持ちになっていた。

夜は盆踊りに行って、二人で少年八木節や東京音頭、オバQ音頭を踊りまくった。

プール、スイカ、花火、盆踊り……　夏本番に入っていった。

新しい自転車にも慣れていった。

8 二〇〇八年夏、旅立ち

八月三日
朝、三時半、もちろん外はまっ暗だ。

おとうさんがベランダの鉢植えにたっぷりの水をあげていた。

「おはよう」とおとうさんが言って「おはよう」と私が答えた。

「着替えててな」

「うん」

おとうさんは自転車を四階からおろすのにいったり来たり。

「いいよ、おりておいで」

二台を組み立てたおとうさんが私を呼ぶ。十分くらいでできるようになったみたいだ。進化してる。でも、汗びっしょり。

私は二十リットルのリュックを背負った。飯盒も入ってパンパンだ。ずっしりと重い。

おとうさんは六十リットルのリュックを背負った。すごい。

「いってきまあす」

誰もいない部屋に挨拶しておりていった。

自転車置場で水銀灯に照らされて待っていたマウンテンバイクにまたがる。

「よし、ケガのないようにスタートだ」とおとうさん。

私も、自分のマウンテンバイクに、よろしくね、とつぶやいた。そして、しんと静まった夏の夜気の中にうずくまったピンクのシティサイクルにも、いってきます、とつぶやいた。

最寄りの駅まで十五分ほど走る。駅前でマウンテンバイクを解体して輪行袋に詰め込み改札をくぐる。エレベーターはないから、階段を下りて、上って、ホームへ。自転車は一台約十五キロの重さ。おとうさんは右手で一台、左手で一台、輪行袋の中のフレームを掴んで持ち、リュックを背負い、階段を下りて、上った。すごいけれど、汗だく。

「ねねが今、自転車を運ぶのは無理だ。行き帰りの自転車運びは全部おとうさんが責任を持つ。でも、現地で走り始めたら、どんなに辛くても自分の自転車には自分で責任を持つんだよ。故障したとき以外は」

これが、私とおとうさんの約束だった。

だから私は、今はおとうさんの汗をふいてあげることくらいしかできないけれど、走り始めたら絶対に頑張ろうと思う。

青春18きっぷでゆっくりと時間をかけて行くので、スタート地点の富山県、氷見に着くのは夕方で、乗り換えは七回になった。

朝早く出発したので、車中では眠ったり、お話ししたり、おにぎりを食べたり、本を読んだり……

乗り換え駅では階段しかなかったり、エスカレーターが使えたり、向かいのホームの電車にスムーズに乗り継いだりといろいろだった。

最後の乗り継ぎ駅の高岡駅には階段しかなくて、自転車二台を掴んで跨線橋をわたるおとうさんはヘトヘトになっていたけれど、乗り込んだ氷見線はレトロな雰囲気でゆっくりと海沿いを走り、とても気持ちよかった。

午後三時四十分、終点の氷見駅に着いた。小さな駅だ。十一時間かかった。最果てまで来たような気がするけれど、ここがスタートなんだ。駅前で自転車を組み立て始める。いよいよだ。少し西に傾いた陽は、まだまだ強い。ブレーキが上手く入らないみたいでイライラしているおとうさんのおでこの汗をふいてあげると、「ありがとう」と言葉だけ返ってきた。真剣だ。

「よしっ！　できたぞ！」

おとうさんのマウンテンバイクにはリアキャリアをつけて、六十リットルのリュックはそこにくくりつける。私の背負ってきた二十リットルのリュックはおとうさんの背中へと移る。私はウェストポーチに小物を入れただけの、身ひとつで、自転車に専念させてもらう。

「今日のキャンプ場は十分も走れば着くはずだから、すぐだよ。行くぞ」

「おう！」

おう！　なんていつもは言わないけれど、自然とそんな声が出た。

走り始めた。

9 ひまつりと花火と雨

氷見駅からすぐに直線道路に出る。左手には松林の奥に海が見える。夏空の下だけれども
う夕方近いし、それほど暑くないので快適だ。平坦な道のりを十分走ってキャンプ場に着く
だけなのに、自転車旅行が本当に始まったんだなとワクワクする。ずっと平らだったらいい
んだけどな。でも〝海沿いを走るだけなら楽だ〟って言ってたし。
「あっ！　ここだ！」とおとうさん。
松田江キャンプ場。もう着いてしまった。
物足りないな、もっと走りたいな、なんて思ったりした。
テントをレンタルして張る予定だったのだけれど、管理人さんが見あたらない。おとうさ
んが他のお客さんに訊いてみると、
「ここの管理人さん、すぐ、どっかにいなくなっちゃうんですよね」と笑っていた。
松林の中で穏やかな波の音を聴いて心地よく休んでいると、やがて管理人さんがやってき
た。

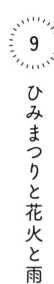

「やあ、自転車で旅行するんだって？」

よく日焼けした、白髪まじりの体の細いおじさんだった。

「近頃ではそんなことする親子も減ってきたけどね……　思ったより小さい子だな、何歳？　何年生？」って訊かれなくてよかった、と思いながら、

「九歳です」と答えると
「そうか、半島を一周するのは大変だけど、すごいことだ。頑張ってな」と言ってくれた。

たぶん、予約するときに、おとうさんは私たちの旅行のことを話したのだろう。これでまた、管理人さんとも、半島一周することは約束になった。

おじさんはレンタルのテントを出して、おとうさんと設営を始めた。私もできるようにしないといけないので、しっかり見ていた。今までにいったキャンプ場では簡単なドーム型テントや常設テントが多かったから、ポールを通したり杭を打つときの角度などをよく頭に入れた。

「今日は街でお祭りだから、行ってごらんよ」

テントが完成すると、おじさんが言った。

おとうさんと私は、今夜はカレーでも作ろうと思っていたのだけれど、自転車で市街地へ、お祭りを観にいくことにした。

海へと注ぐ川が何本か流れる市街。メインストリートは屋台のにぎわい。人出も多い。氷見うどんやどんど焼きを食べて、地元の人に少し話を聞くと、私たちのキャンプ場は、二ヶ所の花火大会を見渡せる絶景ポイントなのだそうだ。

キャンプ場に戻り、壊れそうなシャワー室で汗を流して出てくると、あたりは暗くなっていて、テントに戻るとやがて爆弾のような音が響きだした。氷見の花火大会だ。

私とおとうさんは松林を抜けて、砂浜へおりていく手前の石段に腰掛け、夜空に大きく上がっては吸い込まれていく極彩色の模様を眺めた。音や振動に慣れてくると、むしろ、花火と花火のあいだに聴こえる静かな波の音のほうが、くっきりと心に響いてきた。

そのうち、右手にも、小さく花火が上がり始めた。こちらは富山市の花火大会らしい。大きな花火と小さな花火、合間に波の音。幸せな気分だ。自転車旅行はいいことがありそうだ、と思った。

九時前にテントに戻った、と同時に激しい雨が降りだした。それまで、雨の匂いも風の手触りも全く感じなかったのに……

「明日、大丈夫かなあ？」さっきまで、いい予感がしていたのに。するとおとうさんは、「明日のことは明日考えればいいよ。天気や地形は変えられないんだから」と言った。

テントを叩く甲高い音はやまない。

日記を書いて、ランタンの灯りを消すと、すぐ、眠ってしまった……

10 立山連峰と阿尾城跡

八月四日
六時過ぎに起きると雨はやんでいた。

夜中に目が覚めたときには、まだ、大きな雨音がテントを叩いていたが、ひと安心だ。

曇り空の下、おとうさんと砂浜を散歩する。花火は跡形もないし、遠く見える街もほとんど眠っているかんじだ。波の音だけが休みなく押し寄せてくる。

「雨が上がってよかったね」と私が言うと、おとうさんは不満そうに、

「う〜ん、立山連峰の朝陽をねねに見せてやりたかったのに〜」と悔しがった。口をとがらせて、子供みたいだ。お天気のことはしょうがないって自分が言ってたくせに。

朝食をとり、おとうさんはコンタクトレンズを入れ、テントをたたんでおじさんに挨拶して出発だ。

曇り空の下、細かい雨粒が舞ってきたようだけれど、私もおとうさんみたいに楽観的に

なってみよう。そう、きっと、大丈夫さ。

朝日山貝塚、氷見市街を走り、川沿い、忍者ハットリくんのからくり時計。人が少なくて、空が近くて広く感じる。

私はウェストポーチひとつしか荷物はないし、こんな平坦な道のりだったらずっと走れそうな気がする。

港のフィッシャーマンズワーフ海鮮館に立ち寄ると、立山連峰に朝陽が昇っている写真の入ったカードをもらった。カードからこぼれてきそうなほどの真っ赤な陽の写真だった。

「ほーら、残念。見たかっただろ」と言ってからおとうさんは「でも花火がきれいだったからいいか」って。全然関係ないと思うんだけど……

比見之江大橋を渡り、海沿いの道を行く。

一時間ほど走ると、阿尾城跡、という標識が見えた。初めての上り坂。ギアチェンジ。苔むした石の鳥居の横に自転車を停め、ペットボトルのお茶を受けとって飲んだ。石段を上り、城跡を少しお散歩した。

リスタートするとき、「初めての上り坂、大丈夫だったか?」と訊かれたので「全然、大丈夫！」と答えた。

下って、また平坦な道をしばらく走ると、突然おとうさんが停まって、

「ほら、後ろを見てごらん」と言った。

振り向くと断崖の高い岬が海に突き出しているのが目に入った。

「あそこが阿尾城跡だよ」

「えっ！」と私は思わず大きな声を出してしまった。あんなに高いところだったのか、というのと、もうそんなに走ってきたのか、というくらい遠くに見えたから。

自転車って、すごいのかもしれない……

11 近い遠い、大きい小さい、強い弱い、きれいきたない

私たちの行く手に、車を停めている人たちがいたので、おとうさんが話しかけて写真を撮るってもらうことにした。

大宮ナンバーの車に乗っていた大学生くらいの男の人たちは、私たちが東京から来たことを話すと、「そうか、近くだね」と言った。東京にいるときは、大宮を近いと思ったことはなかったけれど、能登まで来ると確かに東京と大宮は近く感じる。不思議だ。たぶん、外国に行けば、東京と能登は近く感じるのだろう。近いとか遠いとか、大きいとか小さいとかって、そんなことにすぎないんだろうなって思えてくる。おとうさんがよく言う〝いつできるようになるかなんて大した差はないんだよ〟っていうのもわかるような気がする。たぶん、強いとか弱いとか、きれいとかきたないとか、すごいとかだめだ、とかも……

私たちのバックに、遠く阿尾城跡の崖を入れてシャッターを押してくれてから、男の人たちは「頑張ってね、お嬢ちゃん」と言ってくれた。

雲が少しずつちぎれて流れていった。

小境海水浴場では水遊びをすることにした。ビーチサンダルを出して履き替える。二人とも半ズボンだから、膝くらいのところまで海に入っていく。水はそれほど冷たくないけれど、気持ちいい。

「わーい、生き返るね」と言って、おとうさんが水をかけてくる。

「わっ！　ぬれちゃうじゃない！」

「大丈夫だよ、すぐ乾いちゃうよ」

本当だ。空にはいつのまにか雲の姿も見えなくなり青い色が眩しいくらいに広がっている。暑くなりそうだ。

「よ〜し」

私もおとうさんにいっぱい水をかけてやる。おとうさんは、うわああ、と言いながら逃げ回っているけれど、どちらかというと、逃げ回る自分が起こした飛沫《しぶき》でぬれちゃっているかんじだ。ドジだなあ。

ほんの十分くらいだったけれど、自転車に乗っているあいだは同じ姿勢をしているし、靴を脱いだだけでもすごく気持ちいいんだなと感じた。元気がたくさん湧いてきた。サドルに腰掛けるときには、Tシャツもズボンももうすっかり乾いていた。

リスタートしてしばらく行くと、上り坂。よし、ギアチェンジだ。ガチャ、ガチャ、ガチャ、ギギギギ……　あれ？　あれ？　ペダルが回らない。固まっちゃったみたい。とまっちゃった。おとうさんの背中が行ってしまう。

「おとうさーん、たすけてえ～」

自分でもずいぶん大きな声が出たと思う。

「ん？　どうしたあ？」

私の何倍もの声が返ってきた。

「動かなくなっちゃったよ」

走り始めたばかりなのに自転車が壊れてしまったのだとしたらどうしよう。おとうさんはせっかく上った坂をすべり下りてきて、私の横に停まった。

「ああ、チェーンがはずれただけ。心配しない」

指を突っこんでおとうさんがガチャガチャいわせると、すぐに直った。

「オッケー、いこう！」

あっけなかった。

チェーンの油で真っ黒になった手で顔の汗を拭いたせいで、おとうさんのほっぺが黒くなって、私は笑った。

「あれだけ大きな声を出せたのはいいぞ。何かあったら、あのくらいの声を出すこと、よしっ！」と言っておとうさんは私のほっぺを撫でた。

いつもいつも〝声が小さい〟なんて学校で言われていた私。大きいとか小さいとか……自分のほっぺも油で黒くなってしまうんじゃないかと思ったけれど、イヤな気はしなかった。

それもいいな、と思った。

12 長寿ヶ滝

坂を上ると大境洞窟住居跡に着いた。少し休んで先に進む。海沿いの道へ戻ると、空はもう、真っ青に晴れ上がっていた。空の青と海の青の境目が遠くで溶けあっているようだ。

狭い路肩を走らなければならない区間がふえて、心配したおとうさんが何度も何度も私の方を振り向きながら走る。自分のほうが危ないいんじゃないの、とツッコミたくなる。自分のほうがドジなんだし。

百均ショップで買った私のピンク色の腕時計は十二時を差していた。

自転車を停めたおとうさんが言った。

「今、十二時だろう」

一緒に買った色違いの青い腕時計、百均ショップを覗きこむ。

「海沿いを大きくはずれて寄り道になるけど、滝に行きたいか?」

滝!

「もちろん!」と答えた。滝での水泳び、小さい頃に連れていってもらった旅行で体験してから大すきだった。

〝寄り道したら何キロだよ〟とか〝余分にこれだけ時間がかかるよ〟とか、おとうさんの言葉はほとんど右から左へとすりぬけていった。

滝！　滝！　滝！

「はやく、いこっ！」と私が言うと、「よしっ」と答えたおとうさんは左に折れて細い道へ入っていった。


なだらかな上り、やがて左手は一面の田んぼになった。青々とした稲が夏の空の下で密生して力を蓄えている。時折、風が吹くと、さわさわと柔らかい音をたてた。田んぼは緩やかに段をなしていくようになった。奥に雑木の繁った丘陵。この、むせるようなのは、稲の匂いだろう。細く続いていく道には、ところどころにバス停の標識が置かれている。上り坂は緩くなったりきつくなったりするけれど、今のところ後輪のギアを6から3のあいだで操作していれば大丈夫だ。稲の緑、空の青、気持ちいい……　ハンドルを握る私の腕に力が入り、汗がふき出てくる。吸い込む空気が体の中を洗ってくれているようだ。

三十分ほど上って、さらに細い道へと右折する。〝長寿ヶ滝〟と表示があって、自転車を停めた。二人で砂利道を歩いていく。すぐ横には軽やかな音をたてて川が流れている。

「今の上り坂、きつかったか?」

「ううん、大丈夫」

違う。坂道はきつかったのかもしれないけれど、棚田と夏の空と時折吹く風と…… あの景色の中だったら、どこまでも上っていけそうな気がした。今は晴れ上がっていて見えないけれど、もし雲があったら、その上に乗れそうなくらい上っていけそうな気がした。私が小さい頃に描いた、私とおとうさんが雲の上に乗っている絵の中にいるような、不思議な気持ちだ。

砂利道を川沿いに歩いて上っていくと、すぐに長寿ヶ滝が現れた。流れの音が大きくなる。滝壺に入れそうだ。石に腰掛けて、二人でビーチサンダルに履き替える。

「あっ! ヘビがいるぞ」とおとうさん。一瞬びっくりしたけれど、ヘビはカサコソとすぐに逃げていってしまった。ヘビのほうが人間をこわがっているんだ。だから堂々としていればいいんだ。

水の中に入った。ひんやりとして気持ちいい。滝の落差は八メートルくらいだろうか……岩肌を滑ってくるかんじの柔らかくて優しいかんじの滝だ。滝壺が浅いから、どんどん近くまで寄っていける。飛沫がかかってきて最高だ。

「おとうさんも一人で自転車旅行したとき、寄り道して滝に入ったことがあったよ。暑いし、疲れてると、気持ちいいよなあ」

　そうか、おとうさんも滝で足を冷やしたのか。私はきっと、ゆっくりと、それを追いかけているのかなあ……

「でも、ねねは九歳で自転車旅行を始めたんだから、すごいよ」と言って、おとうさんは手ですくった水を私にかけてきた。私もうれしくなって、たくさん水をかけ返した。そう、どうせすぐ、乾いちゃうんだ。枝に張り巡らされたクモの巣にも水がかかり、銀色に光っている。

「私、すっごく楽しくなってきた！」と思わず口からこぼれた。

　おとうさんもすごくうれしそうな顔をして私にたくさん水をかけた。

13 棚田沿いの下り坂

楽しい気持ちをそのまま連れて、往きに上ってきた道を下っていく。下り坂でスピードが出ると、前を走るおとうさんは時々ペダルから放した両足を大きく横にまっすぐに広げ「気持ちい～い」と叫んで、私の方を振り返った。私はそのたびに「あぶないよ」と注意していたのだけれど、おとうさんがあまりにも楽しそうで、言うことを聞きそうもないので、諦めた。

下り続きですごくスピードが出る。ブロックタイヤはブーンと軽いうなり声をたて、私の両脇を風が音をたてて通りすぎていく。右手の棚田から稲の匂いが次から次へと押し寄せてくる。

おとうさんが言っていたことがある。写真とかビデオ、映像や声や音ってたくさん残せるけれど、匂いや手触りって残せないんだって。私が赤ちゃんのときのミルクっぽい匂いや、ちっちゃな手の感触っていうのは残しておけないんだって。どれだけ録画や録音しても残せないんだって。心の中の大切なところにしか、しまっておくことはできないんだって。

だからきっと、私はこの稲の匂いって、大切なところにしまっておくことになるんだと思う。おとうさんが、赤ちゃんだった頃の私の匂いや感触を、大切なところにいつまでもそっとしまっておいてくれるのと同じように……

ペダルから足は外さなかったけれど、私も下り坂のスピードにのって思い切って
「気持ちい〜い」って大声で叫んでみた。
私の声は風の中に吸い込まれて、棚田の上に広がっていった。

海沿いの道に戻って少し走ると、七尾市、と標識があった。ここから石川県だ。右手は海と青空の絶景で、左手は切り立った斜面に林となっていて、ヒグラシの涼やかな声が響いてくる。まっすぐに伸びた木々のあいだを滑り抜けるように聴こえてくる。

「やったあ、ヒグラシだあ」とおとうさんが叫んだ。私もヒグラシは大好きだ。自転車で走りながら、青い空と青い海とヒグラシの声に囲まれているなんて最高だ。波の音も心地いい。

そろそろお腹が減ってきたけれど、国道沿いなのにレストランもコンビニもない。

ようやく、小さな個人商店のパン屋さんがあった。いくつか買ったパンをお店の外でほおばっていると、おばさんが私たちの自転車を見て、「頑張ってね」と言ってくれた。いろんな人に励ましてもらえるのがうれしいし、力になるような気がする。

私はいつも、ありがとうございます、しか言えなくて、もっと上手く話せれば、励ましてくれる人も気分よくなれるかもしれないのになあ、と思った。そう、おとうさんみたいにお調子者になれれば……　でも、そうだ、私はゆっくり、追いかけていけばいいんだ。

おとうさんが食べかけのパンを落として叫んだ。……ドジだ……

14

七尾から能登島へ

陽が少し傾きかけた頃、海沿いの道をはなれて内陸に入った。アップダウンも激しくなり、おとうさんが私の方を振り向く回数が増えてきた。初めてのトンネルは段差のある歩道を走れたので安全だったけれど、入っていく前におとうさんは何度も、〝あぶないと思ったら一度停まれ〟とか、〝ハンドルをふらつかせるな〟とか、怖い顔をして言いつけた。

いくつかトンネルが続き、上り坂も増えた。ヒグラシの声は相変らず涼しげだけれど、海はもう見えない。

前を走るおとうさんと距離が離れることが多くなってきた。後ろを振り向きながら走ってくれるので、大きく離れると停まって待ってくれる。私が追いつくと、おとうさんの背中のリュックからペットボトルのお茶が出されて私に渡される。

平坦な道になっても、その先に上り坂が見えていると、うんざりしてしまう。空はどっしりと太陽が支配している。

上り坂が見えてくると、

「ねね、また、ヤツが来たぞお！」とおとうさんが叫ぶ。上り坂にうんざりしているのはおとうさんも同じなんだなと思った。

「ヤツが来たぞお！」

「坂は初めからあるんでしょ。来たのは私たちの方でしょ」と私が答えると、

「おっ、まだ元気そうじゃないか」とおとうさんはうれしそうだった。

上り坂のたびに叫ぶおとうさん。でも私はだんだん反応できなくなってきた。キツい……


ようやく街中に入った。しばらくすると、七尾マリンパークに着いた。海と再会だ。

四時だけれど、まだまだ日射しは強い。

やっぱりお尻が痛くなってきた。イヤだな。

港はきれいだった。

青空の下、とても広い。大きな船が何隻か停まっていて、錨のモニュメントや、七色のガラスのバーが短冊形の塔に埋めこまれているものもある。七尾だから七色なのかな？〝ナナオダカラナナイロナノカナ〟早口言葉みたいだ。

写真を撮ってくれたおにいさんは、やっぱり私を励ましてくれた。うれしい。

もう出発してから八時間が経つ。

「まだかなりあるよ」とおとうさんが言う。

「大丈夫」と私は答える。自転車旅行の話をされたとき〝疲れたなんて絶対に言わない〟って約束したのは私だし、滝に寄り道したいと言ったのも私だし、棚田の下り坂で素敵な気持ちになったのも私なんだから。


六時頃、和倉温泉の街をすぎて、やがて能登島大橋にたどりついた。大きくて長い橋で広い海が下に横たわっている。横風が強くて渡る前におとうさんはトンネルのときよりももっと強い口調で私に注意した。〝どんなことがあってもハンドルをぐらつかせないこと〟〝風がもっと強くなったら途中で停まること〟


渡っているあいだ。風はずっと強くて、体の周りに自分で膜を張るようなかんじで頑張ってみた。橋が高いところにあって、この下に広い空間があって、さらにそのはるか下に海があるというのが不思議だった。遠くから私たちを見ると、空中を自転車で走っているように見えるのかもしれない。

ほんの二分くらいだったのかもしれない。でもすごく長い時間がかかったような気がする。

渡り終わった私たちは駐車場の日陰で休んだ。宅配便の運転手のおじさんに「がんばれえ」と言われた。
私たちは能登島という島に来たんだ。

15 能登島の上り坂

今夜は能登島のキャンプ場に泊まるのだから、もうすぐだろう。でも、走り始めるとすぐに上り坂になった。すぐ下りになった。また上りになった。なんだ？　この島は？

海が全く見えなくなったり、海沿いにいったりと、くねくねと道のりが曲がっている。もう、本当に体が重くなってきたけれど、おとうさんは平気なんだろうか？　途中にお店があって、カレーの食材を買った。「大丈夫」と答えたけれど、もう全然、大丈夫じゃない気がする。おとうさんは食材も背負って、背中の荷物が二つになった。すごいとは思う。でも、私はもう、走れなくなりそうだ。

また上りだ。おとうさんとの距離が広がっていく。両脇が鬱蒼とした木々に囲まれて薄暗い。「おとうさ～ん」と大声で叫んだ。ちょっと涙声になってしまったような気がする。おとうさんは停まってくれた。

「待っているから、ゆっくりおいで」

ゆっくり、じゃないよ！　私、もう走れないよ！　おとうさんは大人だから大丈夫かもしれないけれど、朝からずっと走っているんだよ！　そう思ったけれど、疲れて声も出ない。それでも、脚は動いた。ゆっくりペダルをこいで、追いついた。

「おとうさんもなるべくスピードを落として離れないようにしているつもりなんだけど、ごめんな」

滝へ寄り道したのがまずかったのかな、でも、あんなに楽しかった時間を否定するのはやめよう。


それから五分ほど走ると、キャンプ場に着いた。

能登島ＷＥランドキャンプ場。敷地が広くて視界が一気に開けた。自転車を入口の看板に立て掛けて、私は座り込んだ。遠く水平線に夕陽がちょうど沈み込むところだった。

「やった！　夕陽がきれいだよ。ごほうびだね」とおとうさんが笑ったけれど、私はそんなに喜べなかった。こんなのが毎日続いたら、私には出来ない。

「ねねが頑張れると、おとうさんはうれしいよ」って言ってくれたけれど……

おでこまで真っ黒に日焼けした髪の短いがっしりした体の管理人のおじさんが出てきて、「おねえちゃん、頑張ったなあ」と言ってくれたけれど、そんな言葉も聞き飽きたかんじで、どう答えていいかもわからない。

私たちはとても頑丈な常設テントに案内された。そして、完全に陽が暮れてしまった。七時半。

「約束だからカレーを作るけど、待ってられないなら、買ってきたのり巻とか食べててもいいぞ」とおとうさんは言った。私はテントの中で横になっていたけれど、キャンプの調理のときに飯盒でお米を研ぐのはいつも私の役目だったので、すぐに外に出た。

おとうさんは炊事棟で火を起こしていた。私は草に覆われた斜面を上ってそこにいき、

「お米は私が研ぐね」と言った。

「そうか、ありがとう」とおとうさんは答えた。

折ってくべた薪がはぜる音が、静かな夜気の中でつぶやいているようだ。小さかった火がブロックの炉の中で少しずつ大きくなっていく。

野菜を切っていたおとうさんが
「テントの中にお鍋、忘れてきちゃった」と言って、暗い斜面を走って飛び降りていった。そんなに急がなくていいのに、と思っていたら
「痛ってぇ～！」と大きな声が聞こえてきた。私が研いでいたお米のシャリシャリという音は、私の手の動きとともにとまった。

16 おとうさんのドジ続き

「だいじょうぶ～?」と訊いてみたけれど、しばらく声が返ってこない。

「……やばいかも……」

ようやく返ってきた声はおとうさんらしくない声だった。

斜面を下りていってみると、おとうさんはかがみこんで足をおさえていた。近づいて見てみると、爪先から血がたくさん出ている。

「どうしたの?」

びっくりして訊いてみると、おとうさんは隣にある大きな岩のような石を指差した。

「あの上に飛び降りちゃったんだ」

炊事棟からテントまで急いで飛び降りていったとき、くぼみにあったこの岩が、暗がりで見えなかったのだろう。真っ暗なところへ飛び下りていくなんて……なんてドジなんだろう。靴からビーチサンダルに履き替えていたので、足の指は無防備だった。親指の爪が割れてしまったみたいだ。

「う〜ん、血だけ止まれば大丈夫だから、お米研いでて」なんてのんきなことを言いながら、おとうさんは管理人さんに電話をかけた。すぐにおじさんは薬やばんそうこうを持ってきてくれた。ニコニコしながらお礼を言っていたけれど、おとうさんはかなり痛そうだった。

「こんなことで大事な旅行を中止にするわけにはいかん！」などと言いながら、薪をくべ続けて作り上げたカレーライスは、特に血の味とかはしなくて、とてもおいしかった。食べ始めるのが九時半になってしまったけれど、おかわりして、お腹いっぱいになった。

常設テントエリアの裏は〝森〟になっていた。そのエリアに宿泊していたのは私たちだけだったようで、薪が燃え尽きてしまうと私たちの話し声だけが澄んだ夜空の星々に届くくらいに響いていた。

おとうさんは今日の走りを褒めてくれたけれど、明日からも走れるか、私は不安だった。そして、おとうさんのケガは大丈夫なんだろうか。

裏の森も怖かった。そのことを話すと、

「オバケが怖いんだろう」と言われたから、

「オバケなんていないよ」と答えた。

上手く言えないけれど、森が怖いんだ。足を踏み入れると、迷子になってぐるぐると回っているだけになって、出てこられなくなってしまうんじゃないかという怖さだ。

ランタンの灯りに寄ってきたカブトムシやカミキリムシにちょっかいを出していたおとうさんが飽きてきた頃、歯みがきを始めた。

「しまった！　メガネ、忘れてきた！」

普段はコンタクトレンズをつけていて、寝起きと寝る前にはメガネを使っているおとうさん。今朝、氷見のキャンプ場の洗面所に置き忘れてきてしまったらしい。

ケガといい、忘れ物といい、どこまでドジなんだろう。「忘れ物ないか」なんて、よく私に言うくせに。まったく、どっちが子供かわかりゃしない……

そんな騒動の中でも、疲れの上に眠気はかぶさってきて……

ムニャムニャムニャ……

17 能登島、さよなら

八月五日

朝起きると七時半だった。体がだるいかんじだ。おとうさんはもう、テントの外にいた。朝露をまとって足元の草々は濡れている。

「おはよう！」と朝からおとうさんは声が大きい。お尻が痛くないか、筋肉痛はないか、とか訊かれたけれど、全体がだるいかんじでよくわからない。

テント裏の〝森〟は朝になって見てみると林に過ぎなかった。足を踏み入れてお散歩した。ひんやりとする。林を抜けると海沿いの高台。崖なので降りてはいけないけれど、潮の香りが強い。少し曇っているので、海が黒く見える。

広い眺めを味わってからテントへ戻るとき、

「ほら、こいつの上に飛び降りちゃったんだよ。暗くて見えなかったんだよ。こいつめ！」

とおとうさんは大きな石を殴るふりをした。

暗くてよく見えないところへ飛び降りたりするなんて！　どうして、そんなことをするんケガは大したことなさそうでよかった。　やれやれ……　でも、明るい道を回っていったって、大して時間はかわらないのに……

「だって、はやくカレーを作ってやりたかったんだ」とおとうさん。

「どうして真っ暗なところになんて飛び降りたのよ？」と訊くと、

だ、まったく！

管理人のおじさんと奥さんに見送られてキャンプ場をあとにする。おばさんはステッカーをくれて、おじさんは、

「半島一周、がんばってな」と言ってくれた。昨日の夕方の道のりを思い出して憂鬱にもなったけれど、どっちにしろ、もう走りだしてしまったんだ。引き返すわけにはいかない。

雲が切れて青空が広がり始めた。サドルにまたがるとお尻は少し痛かったけれど、体のだるさはとれてきた。

昨日、島の南側から入ってきて、今日は北側から出ていく。違う道のりだけれど、こちらもアップダウンは半端じゃない。舗装が途切れて、ブロックタイヤが土煙をあげ始める。両脇には、背丈を超えるほどの草が繁っている。空は真っ青に晴れ上がってきた。

舗装路に戻ったと思ったら、急な上り坂。

閨《ねや》観音でほんの少しの休憩。

そのあとのアップダウンもまだまだきつい。

ようやくたどり着いた、ツインブリッジのと、を渡り始めるとき、

「能登島、さよなら」とおとうさんが、らしくない静かな声で言った。

「能登島、さよなら」と私も言った。

昨日渡ってきた能登島大橋のときほど風を感じなかったので、余裕をもって渡ることができた。遠く海を眺めながら渡り終えると、あとにしてきた能登島の起伏の激しい岩肌を振り返った。あんな島を走ってきたなんて、信じられない気がする。

渡り切ったところの展望台で自転車を休ませ、螺旋階段を上る。能登島はさらに大きく見える。今、自分が立っている地とあの島に挟まれた海の上を、自転車で走ってきたんだ。

広い。すごく広い。

「ヤッホー！」とおとうさんが叫んだ。すごく大きな声だったけれど、それでもその声は、海の上の空間にすぐに吸い込まれていった。

「ヤッホー！」と私も叫んでみたけれど、私の声は橋のたもとにポチャンと落ちてしまったような気がした。

「ヤッホー！」とまた、おとうさんが叫んだ。島まで声を届かせようとしているのかもしれ

ない。

「ヤッホー！」と私ももう一回、叫んでみた。一回目よりも大きな声が出て、おとうさんがうれしそうに笑った。

近くの売店からおばさんが出てきて、

「あんなおっきな声は初めて聞いたわ」と言って笑った。

半日も過ごしていない能登島を、懐かしく誇らしく感じている自分がいた。

18 中島町のツバメ

中島町に入った。舗装路で歩道もしっかり整えられていたので安全に走れる。でも、上り坂はきつく、両脇が林で海も見えない。時折、公共施設らしき建物を見かけるくらいだ。お陽さまは高く昇り、容赦なくジリジリとハンドルを握る腕を焦がしてきた。雲ひとつ、見えなくなった。暑い！　能登島の中よりも傾斜は緩いけれど、違うのは上り坂がずっと続いていることだ。平坦にも下りにもならない。腕時計を覗くと、ディスプレイが真っ黒になっていて数字が読めない。壊れちゃったのかな？

ようやく十字路が訪れて、道の駅で休む。腕時計が壊れたことを話すと、おとうさんは左手首を覗き込み、自分の腕時計も同様にディスプレイが真っ黒になっていることを確認した。百均の商品だし、強い光でダメになってしまったのかな？　おとうさんの携帯電話で時刻を見ると十二時だった。あの単調な道のりを一時間くらい走ってきたんだ。

トイレ棟の屋根近くにツバメの巣があって、親鳥がヒナたちにえさをあげていた。ヒナは三羽見えたけれど、親鳥は一回に一羽だけにえさをあげると飛び去って、また訪れた。今度は別のヒナがえさをもらえているのかどうか、心配になった。黙ってそんな観察をしていた私のことを、おとうさんは見つめていたようだ。

「ねねの考えていること、あててみようか」と言って、やっぱりおとうさんは私が考えていたことをズバリとあてた。そして、こんな思い出話をした。

「三歳の頃だったかな？　動物にえさをあげられるようなところへ行くとね、ねねは全部の動物に平等にえさをあげなくちゃ、って頑張っていたんだよ。カモにえさをあげるときなんてね、池をぐる～っと一周してね。それでも池の真ん中の方にいるカモさんにはまだあげてないんだ、って。お腹減ったらかわいそうだって。えさを届かせようとしても、手前のカモさんがみんな食べちゃう、って、ねね、泣いちゃったんだよ」

恥かしいけれど、なんとなく憶えている。

「みんなにあげなくちゃ、って思うんだろうね。あとね、歩けるようになったばかりの頃、おやつにゼリーを食べていたねねが、よっぽどおいしかったんだろうね、スプーンに一口分載せて、おとうさんに食べさせようって持ってきてくれようとしたんだ。でもまだ、上手に歩けなかった頃だし、スプーンからゼリーをこぼさないようにそうっとそうっと気をつけていたら、途中で転んで、こぼして、泣いちゃったんだ。うれしかったよ～。でもゼリーを食べさせようとしてくれたねねが親鳥でおとうさんがヒナみたいだな……」

おとうさんは本当にうれしそうに目を細めた。
休憩を終えて出発するときも、親鳥はまだ、行ったり来たりを繰り返していた。
大丈夫、心配ない、と思った。

国道二四九号線を行く。
のと鉄道の線路をまたぎ、左手に見ることになる。右手はず～っと海になった。車が少ないので安心して車道を走っているけれど、たまに後ろから音が聞こえてくると、おとうさんが
「車が来たぞ～、気をつけろ」と私の方を振り向いて大声をあげる。私の方が車に近いんだからわかっているのに、いちいち振り返って大声を出す。
心配症な親鳥だな……

19 レトリバーの〝もも〟

空も海も真っ青で波の音がとても心地いい。広く、ゆっくりとした、穏やかな音だ。陽射しは強いけれど、右手の視界の果てが、まっすぐな水平線なので、こもってくる暑さも感じない。自分たちが走っていくことで風の一部分になっているような気がしてくる。道も平坦で気持ちいい！

五十分ほど走り続けて、ポケットパーク根木、で休憩した。お土産屋さんも兼ねているところで、看板犬として〝もも〟という名前のレトリバーがいた。

私は犬も猫も大好きで、不登校になったばかりの頃、池袋のサンシャインシティの特設会場にあった〝わんにゃん広場〟によく連れていってもらった。たくさんの犬種がいて、いろんな犬と仲良くなれたけれど、そこにはレトリバーがいなくて残念だったことを思い出した。

〝もも〟はおとなしくて、体を撫でると、柔らかくてきれいな茶色い毛が少しひんやりとしていて気持ちよかった。寝そべっていた〝もも〟は顔だけ上げて、少し潤んだ目で私を見ている。おとうさんは〝もも〟をひと撫でしてからお店のおばさんと話し始めた。

〝もも〟の体を撫でていると、私もしゃがんだまま眠くなってきてしまった。

「五分くらい走ればレストランがあるって」とおとうさんが言った。そして、能登のむかしばなし、という本がおいてあったので買ってくれた。

〝もも〟は全然吠えなかったから、最後まで声は聞けなかったけれど、私たちが自転車にまたがるところまで出てきてくれた。

おばさんは「がんばってね」と言ってくれたあと、「〝もも〟はもう年寄りだから、あまり店の外まで出てくることはないんだけど、今日は特別みたい」と笑った。座っていた〝もも〟はゆっくりと立ち上がって、ゆっくりとしっぽを振った。

「さようなら」と言ってペダルをこぎ始めた私に、「よかったね」とおとうさんが言った。

海には真っ青な空の下、ぼら待ちやぐらが突き刺さっていた。少し前傾したやぐらの形が、姿勢を正して座っている〝もも〟の姿と似ている気がした。

五分くらいで着くよ、と言われたレストランまでは、たっぷり二十分かかった。でも、もうわかっていた。車で移動する人たちが悪気なく教えてくれる、〝平らだよ〟は〝舗装されているよ〟くらいの意味で坂がないということじゃないし、所要時間のことも自転車でどのくらいかかるかなんて、みんなわからないのだろう、と。

レストランで食べた海鮮丼はハッとするくらいおいしくて、すぐに食べ終わってしまった。おとうさんが「すごい食欲だな」と目を丸くしていた。

レストランを出て自転車にまたがるとき、おとうさんが「よ～し、がんばるぞ～」と声をだしたので、私も思わず「オーッ！」と叫んでしまった。

20 穴水から曽山峠へ

穴水という町に入ると大型ダンプが増えてきた。のと鉄道は今はこの町までしか通っていなくて、ここから先は廃線になってしまったのだそうだ。

おとうさんが私の方を振り返る回数が増える。大型車が私たちを追い抜いていくときには風圧が大きくて、自転車も体も揺らされる。

「ハンドルをしっかり！」

「あぶないぞ、一回、停まれ！」

「停まって、はじっこに寄れ！」

何度もおとうさんが叫ぶ。

歩道のないトンネルを注意しながら、歩行者用のトンネルを安心しながら、いくつもくぐると、ようやく大型車の姿が少なくなった。

三時に中居湾に着いて、休憩した。おとうさんは、バイクを停めていたおにいさんに、地図を見せながら話しかけている。

今夜泊まる九十九湾まで行くのに、ここから海沿いを行くのと内陸側を通るのと、どちらがいいのか、おとうさんが訊いている。どちらも坂はきついので距離の短い内陸側の方がいいだろう、と言われた。

曽山峠を越えていく道のりだ。

「すごいなあ、がんばってね」とおにいさんも言ってくれた。


少し走ると、視界から海が消えた。徐々に上り坂が厳しくなってきた。後輪のギアはとっくに〝3〟まで下げている。やがて、ペダルをこげなくなってしまった。停まってしまう。おとうさんの背中がだいぶ遠くに見える。私は自転車を押していく。私が遅れたことに気づいたおとうさんは自転車を停めて待っている。自転車を押して坂を上るのは、ずっしりと腕に重みを感じる。暑い。汗が帽子の下に滲む。腕にも汗の粒……　ようやくおとうさんに追いつくと、ペットボトルのお茶を渡される。一口、二口、飲む。自転車を支えたまま少し休む。

「よし！　行こう」とおとうさんが言う。

自転車をこぎ始める。少し進むと、私はペダルを動かせなくなってしまう。自転車を押して上る。おとうさんが待っている。ペットボトルを渡される。飲む。休む。頭の上におとうさんの大きな手がのる。

「よし！　行こう」

繰り返し……

これが曽山峠か。

ヒグラシが鳴いている。

ようやく、平坦な道に、そして下り坂になった。

瑞穂という町の小さなお店で二リットルペットボトルのお茶を買った。おとうさんの背中のリュックにしまわれる。水分を摂る量がとても多い。

鵜川という町で、また上り坂になった。もう上れないよ、と思い始めていると、道沿いの畑で農作業をしていたおばあさんが「がんばってえ」と声をかけてくれた。

そう、がんばらなくちゃ……

また、海沿いに出た。

左手に見えるのと鉄道の廃線跡がとても淋しげだ。

21

漁火ユースホステルまで

五時半に、間島というところで休憩した。サンベッドがあったので自転車から降りて横になる。海を眺めていい気持ちだ。西陽はまだ、水平線からかなり高いところにあるけれど、涼しくなってきた。

リスタートすると、陽は速足で水平線に近づいていき、やがて薄暗くなってきた。淡い空には白い三日月が浮かんでいた。

百均の腕時計は夕方になると、ディスプレイにきちんと時刻の数字を示すようになった。六時半。今日も九時間くらい走っている。そういえば、もうお尻は痛くない。でも、疲れた。

やがて、いきなりというかんじであたりが暗くなった。陽が沈んでしまった。七時。

真脇という町の海沿いの交番で、宿の場所を確認する。

「暗くなっちゃったし、今さら急いでもしょうがないから、ケガをしないことがいちばんだぞ」とおとうさんが言ったけれど、夕べあわててキャンプ場でケガをしたのはおとうさんの方じゃないかと思って、おかしくなった。

ライトを点けて走っているけれど、東京の街中を走るのとはわけが違う。暗いというより、黒い。右手の海は静かに波の音をたてている。前を行くおとうさんの背中もあまりよく見えない。怖くなってきてしまった。能登島のキャンプ場のテントの裏の森の中の迷路に、自転車に乗ったまま入り込んでしまうのではないかという気がした。私が、怖い、と伝えると、車もほとんど通らない道のりなので、二人で横に並んで走ることにしてくれた。

トンネルをくぐると、それまでポツンポツンと立っていた街灯も、姿を消した。真っ暗で、まだトンネルが続いているかのようだった。

左へ曲がって海沿いから離れたみたいだ。私を怖がらせないためにか、おとうさんが何か唄っているけれど、何の歌かわからない。

いきなり大きなライトが前から近づいてきた。

「お疲れさま」と言われた。バイクで迎えにきてくれた宿のおじさんだった。

あとは、先導してもらって坂を下ればすぐだった。

漁火ユースホステル。

自転車から降りるとき、脚がぐらぐらして転んでしまい、おじさんとおとうさんがびっくりしていた。

もう、八時だった。

食堂に案内されて、すぐに夕ごはんを出してもらった。お刺身、焼魚、煮物、酢の物、コロッケ……　かがぶとキューリなんてものもあった。私は次から次へと平らげていった。自分がこんなに食べられるのをうれしく感じた。おいしかったし、たくさんの道のりを走ってきて失われたエネルギーを補充しているという実感があった。

私が自転車をこいできたのだろうか？　私が自転車なんじゃないか、と錯覚しそうだ。

「曽山峠、上ってきただろ……」おとうさんが自分のコロッケも私のお皿に載せてくれながら話す。私が何度も遅れてしまって、おとうさんが停まって待っていてくれたところだ。

「ねねが歯を食いしばって自転車を押して上ってくるとき、涙、出そうだった……」

私は、自分が遅れちゃったから、おとうさんが怒っているのかな、って思っていたんだけど……　そうか……

ごはんを四杯もおかわりしてから、おとうさんは洗濯をしにいった。

今日だけでも、いろんなことがあった。上ったり、下ったり、きつかったり、気持ちよかったり、怖かったり……　ツバメ、レトリバーの〝もも〟……

おじさんがスイカを切って、おとうさんを呼んでくれた。

22 真脇縄文公園

八月六日
七時前に目が覚めた。畳の上でぐっすりと眠れた。窓を開けると、宿の前はすぐに海だった。夕べは到着したときには真っ暗だったし、疲れていて宿しか目に入らなかったのだろう、気づかなかった。

外へ出る。宿の前の細い道を渡ると、もう防波堤だ。おとうさんと二人で腰をおろす。小さな漁船がつながれている。朝の陽を浴びてさざ波がキラキラと光っている。空気が澄んでいて気持ちいい。

名古屋からバイクで一人旅をしているというおねえさんが荷物を積み込んでいた。

「今日は金沢まで走るのよ」と言った。

私たちは自転車で走っているんです、と話すと、目を丸くして「私にはできないわ、すごいねえ」と笑った。

私たちが金沢に着くのは何日もあとだ。

朝ごはんを食べて、九時半に宿を出た。夕べ先導されて下ってきた坂を上っていく。夜走って怖かった道のりも明るくなってからだとのどかだ。トンネルも昨日とは表情が違う。天気によっても季節によっても違うのだろう。人間だってそんなところはあるものね。

途中から昨日と違う上り坂を行く。前輪のギアの調子があまり良くなくて、変速は後輪だけにする。

上り切ったところに真脇縄文公園があった。

すごく広い敷地だ。土器が展示してある資料館や勾玉のペンダント作りコーナーがあったけれど、広いはらっぱに自転車で入っていくことにした。

「せっかくのマウンテンバイクなんだからこういうところも走ってみたいよ」と、おとうさんははしゃいで走り回っている。私もあとを追いかけてみたけれど、草が長いので上手く走れない。ペダルが重く感じる。道路を走るのとは違う難しさがある。それでも、しだいに草の中を走るのに慣れていった。

二人でぐるぐる回っていると、どっちが追いかけてどっちが追いかけられているのか、わからなくなってしまった。小さい頃によく公園でやっていた追いかけっこと同じだ。でも、楽しい。

中学生くらいのおそろいのジャージを着た集団がやってきて、私たちに「こんにちは～」と言って過ぎていった。私たちも「こんにちは～」と返した。

私とおとうさんは山登りにもよく行くので、見知らぬ人にもよく挨拶するほうだけれど、東京の街中では知らない人に挨拶なんてしないのが普通だ。学校の先生も、生徒には挨拶しなさいなんて言うくせに、自分たちはろくに挨拶もしない。図書館でもカウンターの係の人が挨拶してきても、返事もしない人がほとんどだ。とても悲しいことだと思う。挨拶を返している私たちの方が変わっていると見られたりもする。あまり、人のことは関係ないけれど……

「わあああ！」と大きな声をあげて、おとうさんがはらっぱ広場から木々のあいだの急傾斜を走り降りていった。

「ほうら、ここまでおいで」

私も思い切って、急傾斜を走り降りてみた。ボコボコと土のオフロードでサドルが上下する。そして、シャーッと砂利道まで降りた。おとうさんが笑っている。気持ちいい。

「先へ急ごうか。勾玉のペンダント作りは残念だけれどね」

工作に一時間もかけてしまうと、あとが心配だ。それに、はらっぱを走って、オフロードを走り降りて、知らない中学生と挨拶をかわして……　充分だ。

23 廃線跡と五色ヶ浜

真脇縄文公園を出て下り坂、空一面が濃い青色だ。小姫木トンネルをくぐって小さな港町を走る。海は静かで、係留された船で作業をしている人たちがいる。木々の繁った大きな崖で、狭く区切られてしまっている、小さな港だ。左手の家並みには洗濯物が干され、三輪車や自転車も並んでいる。お年寄りや小さな子供とすれ違うとき「こんにちは」と言ってみる。私たちは自転車で過ぎてしまうので、後ろの方から「こんにちは」と返ってくる。

港町を抜けると上り坂になった。穏やかな傾斜がしだいにきつくなってくる。汗が噴き出てくる。やがて海は、視界の下の方へ遠ざかっていった。

左手にまた、のと鉄道の廃線跡線路が現れる。

九十九駅。

古い駅舎が残っている。自転車を停めて待っていたおとうさんが、ペットボトルを差し出してくれる。

錆びた線路、くすんだ駅舎。〝過疎〟という言葉を家で勉強したときに知ったけれど、どうしようもないことなのだろうか？　旅行に来るたびに思うけれど、田舎の路線バスや電車は本数もお客さんも少なくて、廃線になるものも多い。でも、病院へ通うお年寄りのためには必要なんじゃないのかな。便利だとか、かっこいいだとか求めてばかりで、きっと大切なものを少しずつ、みんなが失っていっているような気がする。

駅舎を淋しそうに見つめているおとうさん。

私にとって、大切なものって、なんだろう？　失いたくないものって、なんだろう？

きっと、この駅でだって、たくさんの人がいろんな思いをしたんだろうな……


少し走ると、海は目の高さに戻ってきた。

五色ヶ浜という海水浴場で自転車を降りた。ビーチサンダルに履き替えて、海に足を浸す。サラサラした白砂が気持ちいい。素敵な海水浴場だけれど、数えるほどしか人がいない。

足で水を蹴っとばして、私に水をかけようとするおとうさん。もう、ケガはすっかり大丈夫らしい。

なんとかなるものだな……　私もだんだん、楽観的になってきたみたいだ。

24 恋路海岸とオリンピック

陽が上っていくにつれて、空の青さが増してくる。

松波という町に入り、少し海沿いからはずれて、また上り坂になった。細い道で路面の工事をしていたので、自転車を降りて押していく。ギアチェンジだけで乗り切れそうな坂だったのに、と悔しく思っていると、眉毛を剃った怖そうな作業員のおにいさんが「おねえちゃん、がんばれよ、気をつけてな」と言ってくれた。私は後ろを振り向いて「ありがとうございます」と答えたけれど、自転車を押しながら体を後ろにひねって出した声だったので、あまり大きな声にならなかったのが残念だった。

下ってまた海沿いへ出る。空と海はさらに青くなったような気がする。

平坦な道のりから恋路海岸に着いた。十二時。百均の腕時計も今日は元気だ。

広〜く青い空。まっすぐな水平線。穏やかな海。かすかな波の音。こんな景色、もらっちゃっていいんだろうか？

自転車を停めて、全部を眺める。海じゃなくて、空じゃなくて、水平線じゃなくて、全部を眺める。

「恋路海岸。なんでここに寄ったかっていうと、おとうさんがねねに恋だから」とふざけるおとうさんの腕を、私はギュッと握った。


近くにあった小さな食堂に入った。店内は薄暗くて狭かったけれど、海に向いた窓が大きくて、とてものんびりした気分になれた。

高いところに置かれたテレビが「北京オリンピック」と言っている。そうか、そんな時期か。でも、今の私たちにはまるっきり関係ないような気がする。

ワールドカップやオリンピックがあると、国民全部が応援しているように伝えられるけれど、本当にそうなのだろうか？　その日一日生きるのが精一杯の病気の人やお年寄りや障害者だっている。オリンピックを見て、勇気や元気をもらう人もいるかもしれないけれど、そうでない人だっている。騒ぐより静かにしていたい人だっているんだし、国が違うから相手をやっつけろなんて、戦争みたいで私はイヤだ。それに、サッカーや野球の上手い子なんて、だいたいスポーツの苦手な子に対してすごく意地悪だ。でも、スポーツができるくらいで偉くなったつもりでいたり、周りの大人もチヤホヤしたりする。おかしいと思わないんだろうか？

そんなことを考えたりしていたけれど、冷やし中華が運ばれてくるとペロリと平らげてしまった。

お店を出ると涼しく感じた。海風が気持ちいい。それでも、平坦な道を少し走っただけで、すぐに汗が吹き出してきた。

25 見附島！

海沿いのキャンプ場に入った。ところどころにテントが張られている。小径を走っていくと、目指していたものが海に浮かんでいた。

見附島だ。

「うわあ、うれしいなあ」とおとうさんが叫んだ。自転車を停めた。

「ガイドブックどおりだね」と私。

〝見附島〟と大きな木製の看板。

軍艦の形をした大きな岩の島は、たくさんの木々の緑に覆われて、浜からすぐのところに浮かんでいる。とび石を伝って浜から島へとつながった道を歩いている人もいる。そして、強く吸い込まれてしまいそうな青い空。静けさをたくわえたようなゆったりとした青い海。時折、細く白いさざ波……　本当、ガイドブックの写真どおりだ。

うれしい……

靴を脱いで海に足を浸す。小さめの石が、足の裏を押してくる。

遠く、遠く見える、水平線。

足元にやってくる、ほんの小さな波。

強く、優しい陽射し。

ガイドブックの中に収められていたところに、私は自転車で来たんだ。

うれしい……

海から上がって、芝の上に寝転んだ。寝転んでも、見附島を見つめている……

「ソフトクリーム、食べようか?」とおとうさん。喉が乾いてしまうから、自転車旅行中はお茶かお水がよくて甘いものはいらない、と思ってきたけれど、この絶景を見ることができたごほうびにいいかな、と思ってしまった。売店で買ったソフトクリームをなめる。ソフトクリームをなめながらも、見附島を見つめている。

〝見附島〟の看板の横に二人で自転車を入れて写真を撮ってもらった。四人グループのおねえ

さんたちが、「笑って、笑って」と言ってくれる。私はあまり上手く笑えていないのかな？　でも、私はきっと、ここで見た景色のことは、ずっと忘れないと思う。

ほとんど景色に見とれていただけで、一時間も過ごしてしまった。

見附島をあとにすると、街中ではお祭りの準備がおこなわれていた。キリコといわれる大きな短冊型の飾りを作っている人たちがいた。地面に寝かせたキリコに絵を描き入れている人たち。立たせたキリコを調節している人たち。高さは五メートルくらいあるのかな？　もっとかな？　子供たちも手伝っている。

自転車で通り過ぎるだけの私たちに「こんにちは」と声をかけてくれる。私たちも「こんにちは」と言って走り過ぎる。

海からの風と、私が走って切る風と、街の人たちの声と、私たちの声が、すごく気持ちいい。

私は今、能登半島を走っているんだ！……

三時すぎ、飯田市街に入った。大きなスーパーで、今夜のバーベキューの食材を買い出しする。食材はおとうさんが背中のリュックから出した別のリュックに入れて、二つとも背負った。

「私がひとつ、背負うよ」と言ったけれど、

「いいよ。これは、ねねとの約束だろ。ねねはどんな道のりでも自分の自転車には責任持つ、って約束、しっかり守っているじゃないか。走行中の荷物と行き帰りの電車での自転車運びはおとうさんの責任。おとうさんだって、約束守らなきゃ」と答えた。そして、

「もし、この旅行を終えて、ねねがまた自転車旅行をしたいって思ってくれるようなら、そのうち荷物を背負ってもらうかもしれないけどね」と言ったので、私は間髪入れずに、

「絶対行くっ！」と答えた。答のあいだをおくと、連れていってもらえなくなってしまうんじゃないかとおそれて……

私は走りたい！

だって、あの、見附島の景色って、いったい、何？

宝物、だよ！

26 須須神社から禄剛崎へ

海沿いを走って、鉢ヶ崎、長手崎灯台と過ぎていくと、上り坂が増えてきた。前を行くおとうさんの体が二つのリュックにつぶされるように下を向いてきた。それでも時々、後ろを振り返って私に向かって「大丈夫かあ」と叫ぶ。陽射しもまだ強い。

五時過ぎに須須神社に着いた。珠洲（すず）市だけど、須須（すず）神社だ。

停まって休む。休憩なのに石段を上るのは、能登島の閨観音でもそうだったけれど、気分転換にもなるし、歩いているときとペダルをこいでいるときでは重力が違うかんじがする。

安全祈願を終えて、また上り坂を走る。

陽はかなり傾いてきて、空の色も勢いを失くしてきた。この時間でまだ上り坂はきつい。

おとうさんの背中が離れていく。

ペダルをこげなくなる。

自転車を押していく。

待っているおとうさんに追いつく。

ペットボトルを渡される。

飲む。

スタート。

こぎ始める。

背中が離れていく。

こげなくなる。

押して上る。

追いつく。

ペットボトル……

昨日もあったような繰り返しだ……

数回の繰り返しのあと、小さな街中で石段の下にたどり着いた。自転車を停めて、歩いて上る。ゆっくりとした足取りでも、少しよろけてしまった。

上り切った高台。

近づいてきた。

白亜の灯台が……

そう、ここも、ガイドブックで何度も見ていた。

禄剛崎灯台。
「背が低い灯台だね」って二人でガイドブックを見て話していた。
それでも……
私たちは灯台を見上げる……
周りの石畳も、短く生えた雑草も、優しさを感じる風景だ。
そして、水平線。
最後の橙色になる少し前の黄色い夕陽。

ここが能登半島の最北端だ。
ここから向こうはよその国しかない。
波がなくて、静かな、スーッと丸い、水平線。
「夕陽が見れてよかったね」とおとうさん。
「うん」と私。
ここもガイドブックどおりだ。本の写真の中に私たちがいるみたいだ。
「先っぽまできたぞお！」とおとうさんが海に向かって叫んだ。おっきい声だった。
「ぜったい一周してやるう！」と私も海に向かって叫んだ。おっきい声で。

おとうさんは私の頭の上に手を載せて、くしゃくしゃっと撫でた。

27 木ノ浦健民キャンプ場

六時半に灯台をあとにして、海沿いを西へ向かう。右手に海を臨み、左手からはヒグラシの声。広い視界の中、陽が水平線に徐々に近づいていくのがイヤでも目に入る。昨日みたいに暗くなってから走るのは怖いなあと思っていたけれど、やっぱり陽は待ってはくれなかった。水平線の上をころがって、やがて半分姿を消したかと思うと残照だけになり、そして辺りを青白くして、さらには暗くしてしまった。

まだ下り坂があったり上り坂があったりする。自転車のライトは点けたけれど、街灯は疎らだ。夕べと違うのは、高台、というより海沿いなので崖の上を走っているようなかんじがするところだ。車の通行はほとんどないので、二人、横に並んで走った。

おとうさんが何度か、携帯電話でキャンプ場の管理人さんと連絡をとる。今夜は常設テントではないので、到着してからレンタルのものを設営する予定だ。でもこのままだと、管理人さんのいる時間内にキャンプ場には着けそうもない。

そして、ヒグラシも鳴きやんでしまった。波の音は聴こえない。二人の自転車のブロックタイヤだけが、ブウン、ブウンと音をたてる。夕べは暗くなってから走っているときに唄っていたおとうさんも、今日は背中の二つの荷物に押し潰されてか、声も出ないのかもしれない。

七時半、木ノ浦健民キャンプ場は通り沿いにあった。草の繁った敷地内まで自転車で入っていった。

管理人さんは残っていなかったけれど、私たちのテントを張っておいてくれたようだ。ポール式の旧いタイプのテントだ。ひと安心……　と思ったら

「しまった、薪がない！」とおとうさんが叫んだ。薪はキャンプ場で買うつもりだったけれど、もう管理人さんはいない……　どうするんだ？　バーベキューの食材、たっぷり買って、おとうさんの背中に乗せてはるばるやってきたのに……　食材を買ったスーパーからここまでお店は全然なかったし……

「よし、枝を拾いにいくぞ」とおとうさんが言った。

奥の敷地に林があって、その小径に落ちた枯れ枝を拾ってまわった。おとうさんは胸いっぱいに太い枝を集めて抱え、炊事棟へ運んでいく。私は懐中電灯で辺りを照らす役目だったけれど、もう片方の手で細い枝を何本か拾って持ってきた。

何回か林と炊事棟を往復して、かなりの量の枝を集めた。

「火を起こすまで休んでていいぞ」と言われたけれど、飯盒や食材は私が運んだ。テントと炊事棟のあいだを荷物を持って往復していると、くべた枝に息を吹き込む継ぎ目から、「ありがとう」とおとうさんの声が聞こえてきた。

枝のはぜる音を横に、私はお米を研いだ。


ブロック製の炉に起こした火の上の金網にお肉や野菜を載せる。おとうさんがトングで掴んで私の紙皿に次々と入れてくれる。私はそれを次々と口の中へ放り込む。飯盒の蓋を開けると、もうもうと立ち上がる蒸気の中から真っ白なごはんが顔を出す。よだれが出そう……。

「だいぶ慣れてきたか？」と訊かれ、自転車で走ることが好きになっている自分を確認する。

「うん。お天気や景色も最高だしね」と私は答えた。おとうさんはうれしそうに笑った。

今日、見てきた、見附島、禄剛崎……　思い出しても心が踊る。たくさんの人と挨拶をかわした。たくさんの人に励まされた。

これからも坂がきつくても、頑張れる気がする。

私は、おとうさんと違う言葉を叫んだんだから。

〝ぜったい一周してやるう！〟って。

「もう、森は怖くないの？」と訊かれたので、私は「これくらいは、林だよ」と言った。おとうさんは小さく、またうれしそうに笑った。

テントに戻る。

姿の見えない海の音が聴こえる。

しん、とした夜の音も聴こえる。

星の瞬きの音まで聴こえてきそうだ。

私はタオルにくるまって、おとうさんの腕に抱きついたまま、眠ってしまった……

休憩 TEA BREAK

ねねの能登半島の旅も後半へと入ります。

ねねは少しずつしか進めません。

ゆっくりと、しっかりと、が二人のモットーです。

昨今の学校、教育現場でのいじめ、育児や福祉現場での虐待……

明るみに出るのはほんの一部で、隠蔽されたり、泣き寝入りさせられたものって無数にあると思います。


いじめや虐待、そういった酷いことを生む大きな要因であり、根絶すべきだと思っている言葉があります。

それは、

「はやくしなさい」

「おせえよ」

子供が何かを成し遂げるまでにどれだけ時間がかかったって構わないじゃないか、サボったりしているのでなければ。

能力をつけるのに時間がかかっても、いいじゃないか。

もちろん、他人を傷つける、危害を加える、そんなものは直ちに矯正されるべきだ。

ゆっくり見守るべきことと、直ちに矯正するべきことを見誤っていないだろうか？


どれだけ速く走れる子供だって、ボルトにはかなわない。

どれだけ野球が上手い子供だって、イチローにはかなわない。

ボルトやイチローが子供たちをバカにしたり、いじめたりするかい？


その場しのぎで、いじめなんて、根絶できない。

心を育てる。

心をゆっくりと育てる。
心をしっかりと育てる。

ねねは、ゆっくりと、しっかりと、走ります。

あまり、人と話せなかった、ねね。
〝おとうさん〟〝おとうさん〟ばかりだった、ねね。
後半の旅では出会いも増えてきます。

ゆっくりと、しっかりと、走ります。

ゆっくりと、しっかりと、見守ってください。

28 若おじいさんと若おばあさんと管理人のおばさん

八月七日。

起きると八時だった。旅先でこんなに遅く目覚めるのは初めてだ。だいぶ疲れているのかな。

「おはよう。疲れていそうだから起こさなかったんだ。今日は予定を変えて、泊まるところを少し手前の民宿にするよ。明るいうちに着けるようにね」おとうさんが言った。

テントを出ると、夏の陽は、もうずいぶん高く昇っていた。

林をくぐって、キャンプ場の奥に歩いていってみる。

涼風が気持ちいい。

いちばん奥までいくと、広く海が見渡せた。崖になっているので降りてはいけない。禄剛崎から眺めたのと同じ方向の海のはずだけれど、違う表情に見えた。朝だからかな、穏やかだけれど海も新しい一日を迎えて張り切っているかのようにかんじた。

今日も真っ青な空だ。また、ガイドブックどおりの景色が待っていてくれるのかなと思うと、私も元気が湧いてきた。早く走りたい気持ちにさえなってくる。

林をくぐって戻っていくと、隣のテントの前で、ディレクターチェアに座って話している夫婦がいた。私のおじいちゃん、おばあちゃんより少し若いくらいの人たちだ。

「こんにちは」と私たちが挨拶すると、

「自転車で走ってるの？　すごいわね」と若おばあさんが言った。私たちの自転車が停めてあるのが、そこからでも見えた。

「どうぞ、少し召し上がれ」と若おばあさんがざるの中のすももをすすめてくれた。ツルンとした皮が赤く光っている。

「どうぞ、遠慮しないで」と若おじいさんも眼鏡の奥で笑った。

「いただきま〜す」と先に手を出したのはおとうさんの方だった。だいたい、私よりおとうさんの方が子供っぽい。私もつまんでいただいた。プチッと皮が弾けて果汁が甘く広がってくる。でも少し、すっぱい。

「おいし〜い」と、おとうさんはやっぱり子供みたいだ。

「ウチでとれたものなんです」と若おじいさんが言った。どこから来たのか訊いてみると、南アルプス市からだ、と言われた。

「外国ですか」と私が言うと、笑われてしまった。

「♪南アルプス、天然水っ♪ってコマーシャルがあるだろ」とおとうさんがおどけて唄って、また若おじいさんたちが笑った。

「でも、すごいわね、何年生？」と訊かれたので、

「四年生です」と私は答えた。学校には行ってませんって言おうと思ったけれど、やめておいた。おとうさんはいつも〝学校に行っていないことを引け目に感じるな、逆に誇りに思え〟と言うけれど、せっかくの旅行中に学校のことを話題にすることもないな、と思った。

そのあとは若おじいさんが、「いい思い出になるね」と言ってくれたのでほっとした。

話が盛り上がってきて笑いが増えてきたので、私はおとうさんが眼鏡をキャンプ場に忘れてきたことや、足をケガしたことなどを話した。

「しょうがないわね。おとうさんの面倒をしっかり見てあげてね」と若おばあさんは楽しそうに笑った。


管理棟には管理人のおばさんがいたので、夕べテントを張っておいてくれたお礼を言った。枯れ枝と廃材で火を起こした話をすると、「たくましいわね」と目を丸くされた。

九時半に出発するとき、私たちが大声で、さようならあ〜、と叫ぶと、若おじいさんと若

おばあさんと管理人のおばさんが、笑いながら手を振ってくれた。

29

椿展望台からゴジラ岩

キャンプ場を出るとすぐに上り坂だった。いきなりで辛かったけれど、ギアチェンジだけで乗り切れた。

昨日より、もっと空が青い気がする。

上り切ったところに椿展望台というところがあって、海ははるか下に広がっていた。

海の色も昨日よりずっと深い。

バイクツーリングの男の人二人に写真を撮ってもらった。シャッターが押される瞬間にもう一人の人が変な顔をしたので、私は大笑い顔になってしまった。

「ここから向こうはしばらく平らだよ」と教えてくれたので、

「よ~し、がんばるぞ」と言った私の声が思いの外大きくなってしまって、おとうさんと二人のライダーが楽しそうに笑った。

海と空。

海沿いをひたすら前へ走っていく。

平坦か、穏やかな下りが続き、心地よい風が後ろへ過ぎていく。雲ひとつない青い空と、優しい波音をたてる青い海に、自転車に乗ったままはさまれているような感覚だ。ヒグラシは寝坊のセミだから、まだ声は聴こえない。

ゆっくりと、ゆっくりと下っていき、海の高さに引き寄せられていった。

「このあたりにゴジラ岩って、あるはずなんだけど……」

逆車線の路肩に自転車を停めてからおとうさんが言った。車が停められていて、海まで降りていっている人影が見える。手前の海に黒い岩がポツポツと浮かんでいる。

「どれがゴジラだろう。ガイドブックには大きくかっこよく写っていたんだけどなあ……」

あれかな、あれじゃないよ……　私たちが二人でいろんな岩を指差して品定めしていると、人影が路肩に上がってきた。小さい男の子とそのおとうさんだった。私たちは意見をまとめて訊いてみた。

「ゴジラ岩って、あれですかね？」とおとうさんが指差すと、

「そうみたいなんですけど……」と、そのおとうさんは苦笑いして答えた。拍子抜けしたかんじなのだろう。

「ずいぶん、ちっちゃいですね」とおとうさんは言ってから、

「ゴジラ、おっきかったかい?」と男の子に訊いた。

「あんまり、おっきくなかった」と男の子は答えた。四歳で岐阜県から車で来たんだ、という。

「ゴジラ、楽しみにしてたのになあ」と、そのおとうさんは言った。

「おっ、自転車か、すごいな」と言われ、私は氷見から走ってきたことを話した。若おじいさんやライダーと話したりして、知らない人とも少しだけ上手く話せるようになった気がする。

「いつか、この子とも走ってみたいな」とそのおとうさんが言った。

「チビゴジラのところまで降りていってみるか?」とおとうさんが私に訊いたけれど、

「それほど大したものじゃないですよ」とそのおとうさんに言われたのでやめにして、遠くから眺めるだけにした。

親子は、さようなら、と車で走り去って、おとうさんは「チビゴジラめ!」とつぶやいて、私と岩をカメラに収めた。

それでもうれしそうだったし、私もうれしかった。

30 道の駅すず塩田村にて　その1

右手の青い海はず〜っと続く。

やがて左手からヒグラシの合唱が始まった。

平坦か下り、交通量も少なく、おとうさんも安心しているらしく、私の方をあまり振り向かなくなった。

海と空の風景は見飽きることがない。

この道のりがずっと続いてもいいのに、と私は思った。

しばらく走ると製塩所に着いた。奥能登は製塩がさかんなので、どこかで見学することになるだろうと思っていた。資料館のようになっていて、製塩の作業の手順が説明してあったり、道具が展示してあったりした。十五分ほど休憩、見学していると、

「そうだ、この先の塩田村にも行かなくちゃいけないんだ」とおとうさんが言った。ドジおとうさんが氷見のキャンプ場に忘れてきてしまった眼鏡を、管理人さんが宅配便で知り合いの塩田村の職員のおばさんに送ってくれることになったらしい。そこでおとうさんは眼鏡を

受けとれる、と……　夜中にキャンプ場でトイレについてきてくれるときも、わざわざコンタクトレンズをつけ直さないといけないくらい、おとうさんは近視なので、眼鏡を忘れてきてしまって、就寝前と寝起きは不自由になっている。

少し走ると、道の駅・すず塩田村に着いた。茶色い木目調の壁にとんがり屋根の、おしゃれな建物だ。

私たちが自転車を停めていると、「あっ!やっぱり!」と声をかけられた。

「自転車が近づいてきたから、そうじゃないかと思ってたんだ」ともう一人。見附島で写真を撮ってくれた四人グループのおねえさんたちだった。たしか、富山県から車で旅行に来ているということだった。

「また、写真撮ってあげるよ」と言われて、私とおとうさんは自転車の前で二人で並んだ。

「そうだ、二人でジャンプしてみてよ」と一人のおねえさんが言った。

「あたしたちのあいだで流行ってるんだ」

と言われ、「よし!　跳ぼう!」とおとうさんは張り切った。

「はい、チーズ」と言われて、おとうさんは素速く跳び上がったけれど、私はタイミングが遅れて、構えてかがんでいるあいだにシャッターを押されてしまった。

「よし、もう一回、がんばって!」とおねえさんが言って、私たちはもう一度跳んだ。今度は上手くいった。

なんだか、楽しい。

「こないだより、ニコニコしてるね」と一人のおねえさんに言われた。見附島で写真を撮るときに〝笑って、笑って〟と言ってくれたおねえさんだと思った。今は私は上手く笑えているのかな？　違う、きっと心の底から楽しめるようになったからだ。

おねえさんたち四人がジャンプしている写真をおとうさんが撮ってあげると、「六人、みんなで撮ろうよ」と一人のおねえさんが言い出して、カメラを置いてタイマーをセットした。横に六人並んで、みんなで手を繋いで、いっせいのせっ！　でジャンプした。タイミングがはずれてしまうかと緊張したけれど、それでも楽しくて、ニコニコできていたと思う。そして、遅れずに跳べてよかった……　おとうさんは、おねえさんと手を繋いでニヤニヤうれしそうにしちゃって……

「楽しかったよ〜、気をつけてね〜」と四人は車に乗り込んで出発していった。

運転手以外の三人は、ずっと後ろを向いて手を振ってくれていた。

31 道の駅すず塩田村にて　その2

道の駅の建物に入ると、受付カウンターでおとうさんは、眼鏡を受け取ってくれているはずのおばさんの名前を告げた。カウンターには、ざるの中にミディアムトマトがたくさん入れておいてあって〝ご自由にお召し上がり下さい〟と書かれていた。横には、この塩田村で作られた塩がおいてあり、それをつけて食べていいらしい。おばさんが奥の部屋から出てくるまでに、おとうさんはトマトを三個も食べた。朝食にもミニトマトをたくさん食べたくせに……　私もひとつだけ食べてみた。塩を効かせたので、トマトがとても甘く感じた。

おばさんは、おとうさんより少し年上の人みたいだった。「残念だけど眼鏡はまだ届いていないのよ」と言ってから、

「このあと届いたら、車で宿まで届けてあげましょうか?」と言ってくれた。

そんなことまでしてもらったら申し訳ないし、毎日移動していってしまうから、とおとうさんは話したけれど、

「いいわよ、おばさんが必ず届けてあげるから」と言って、おとうさんの携帯番号の番号を

メモした。すごく親切な人だな、と思っていたら、

「トマト、おいしいから食べてね」と言われ、おとうさんは四個目と五個目を、私は二個目を食べた。

「親切な人だな。宿まで届けてくれたら、おとうさん、泣いちゃうかもしれないな。あんなこと言ってもらっただけで、もう眼鏡はいいや」とおとうさんは感激していた。

奥の展示スペースから外へ出ると、海沿いに釜屋があって、実際にそこでは塩作りが行なわれているようだった。釜屋の扉は開いていて、少し、顔を入れてみたけれど、蒸気で暑くてたまらなかった。

　他には、私の体よりも大きな岩塩の塊にも触ることができた。

　塩ジェラートを食べて、おばさんにさようならを告げると、届けてあげるからね、ともう一度言われた。

　自転車にまたがるときに、「眼鏡を忘れたおかげで素敵な人と知り合えたな」とおとうさんが言ったので、

「おとうさんのドジのおかげだね」と私が付け加えた。

32 垂水の滝

　一時になった。いちばん暑い時間だ。でも、平坦な道がありがたい。朝から、ひとかけらの雲も見えない青空が続いている。右手はずっと青い海だけれど、走りながら見る風景として飽きてこない。ハンドルを握っている腕はさらに日焼けして黒くなってきたような気がする。お尻の痛みは、もう全くない。サドルに腰かけているあいだは、私と自転車は一体だ。


　トンネルが見えてきた。その右上から滝が流れ落ちている。

　垂水の滝だ。

「少し入って遊ぶか？」

「もちろん！」

　目の前のすぐのところにある滝に、入らない手はない。思えば、十キロもの寄り道をして長寿ヶ滝へ行ったのが、すごく前のことのような気がする。

　トンネルの手前、路肩に自転車を停めて、二十歩ほども歩くと滝の下に着いた。滝壺というほどの深さはない。遠くから見ているときには、トンネルの上から水が流れているようだったけれど、岩肌を丁寧になぞるように流れが下りてくる。もちろん、先に滝が流れていたところに人間がトンネルを掘っただけなのだろう。

岩に腰掛けて、足を水に浸す。冷たくて気持ちいい。

小さい男の子を連れたおとうさんが、

「ここの滝は冬はすごいんだよ。風が強いから滝の水がヒラヒラっと上に向かって飛んだりするんだよ。冬の海は波もすごいし」と教えてくれた。

私がやってきた、この静かで穏やかな海や滝の流れが、青い空や穏やかな時間が、同じ場所でも季節によってそんなに変わってしまうなんて、不思議だ。それに比べたら東京の街なんて、季節が移っても、気温と花の香りと着ているものが変わるくらいで、時間に追われているだけなのかもしれない。

おとうさんも頷きながら、楽しそうに地元の話を聞かせてもらっている。波の花、といって、このあたりの海岸には、潮が泡のようになって押しよせてきて岩を覆ってしまうのだそうだ。ゴジラ岩も白ゴジラになるのかな？　いや、白チビゴジラか……

二歳くらいの男の子は浅い水の中を歩き回って、時折、手で水をすくって遊んでいる。小さい子が水遊びをして楽しむ姿は、どこの街でもかわらないのかもしれない。

このおとうさんも、この子が大きくなったら自分たちも自転車で旅行してみたいな、と言ってくれた。

私は、私とおとうさんが自転車で旅行していることを、とてもうれしく思った……

33 曽々木海岸から下時国家住宅へ

平坦な海沿い道は続く。ヒグラシの声は休みなく届く。穏やかな波。強い陽射し。それでも走っていると潮の香りの含まれた涼しい風。

曽々木海岸に着いた。

大きくそびえ立った岩に窓のように穴があいている。窓岩。そのままの名前だ。岩を見上げながら砂浜で遊ぶ。少しだけのつもりだったのに、砂遊びを始めたら止まらなくなってしまった。波打ち際のギリギリに穴を掘って池を造る。波が届いてこないうちに、海の水をすくってきて池に入れる。波が届くとその池は壊されてしまう。

「あ〜あ、こわれちゃった」

たったそれだけなのに、楽しい。小さい頃も、海に連れてきてもらうと、よく、こうやって遊んだ。壊れた池を造り直すときに〝繰り返し繰り返しよ〟と幼い私はこまっしゃくれたことを言っておとうさんにも手伝わせていたっけ……　幼い頃にやっていた遊びが、今もこんなに楽しく感じられるのは、自転車や能登半島や出会ってきたいろんな人たちのおかげ、さっき滝で遊んでいた小さい子のおかげかもしれない。

砂遊びを終えると、ここでもバイクに乗ってきた怖そうな男の人たち二人が、私たちの写真を撮ってくれた。

「おじさんたちじゃ自転車じゃ無理だ。がんばってな」と言ってくれた。

リスタートすると左手に田んぼが増えてきた。時折、〝カメムシ追放〟というのぼりがはためいている。

「もうちょっと遊んでいこう」とおとうさんが言って左に曲がり、少し下っていく。

下時国家住宅に着いた。茅葺き屋根の立派な住居だ。土間に入るとひんやりした。

自転車で走っているあいだは風を切って進めるけれど、停まると汗が吹き出してくる。でも、この住居の中は、エアコンの涼しさより何十倍も気持ちいい涼しさだ。そして、広さ、静けさ。

受付のおばさんは「アブを退治してるのよ」と動き回っていた。私たちは広い板の間で、忍者ごっこをして遊んだ。太い柱や曲がった廊下の角に身を隠して相手を脅かすだけの遊びだけれど、私もおとうさんもはしゃいでしまった。

出るときにおばさんは「楽しそうだったわねえ」と言ってから、やっぱり「がんばってね」と励ましてくれた。そして、カメムシは稲にとっては敵なんだ、と教えてくれた。

おとうさんは、「カメムシのこと、知らなかったな。気になったことは訊いてみるもんだな」と言ってから、

「みんな、ねねにがんばってって言ってくれるけど、誰もおとうさんには言ってくれないなあ……」と口を尖らせてふざけた。

「なあに、言ってるの」と私は笑った。

三時まで遊んでしまった。さすがにお腹が減ってきた。なにしろ道中では、ミディアムトマトと塩ジェラートしか食べていないのだ。海沿いの道に戻るとすぐに商店があったのでパンを買って食べた。

「そんなに急がなくていいよ」と言われるくらいに速く食べたのは、お腹がペコペコだからだけでなく、遊びすぎたからまた到着が暗くなってからになるんじゃないか、と思ったからだ。

すぐに走り出す。

海側の岩の上にある名付神社には、ペダルをこぎながら、心の中で安全祈願だけをして通り過ぎた……

34
白米の千枚田！

しばらく走ると上り坂になってきた。陽はまだ高い。いつもならいちばんキツい時間帯だけれど、今日はこれまで上り坂が少なかったからだろうか、あまり疲れていない。それとも、今日がいちばん、いろんな人と会えたからかもしれない。

平坦になる。また上る。平坦になる。また上る。おとうさんの〝ヤツが来たぞお〟の大声がまた始まる。

何度目かの上り坂でペダルをこげなくなってしまい、自転車を押して上る。平坦な道ではかくことのなかった汗が吹き出てくる。待っているおとうさんからペットボトルを受け取る。飲む。休む。走り始める……　曽山峠のときと違うのは、右手にずっと海を臨めることだ。

上っていく。押していく。海はずっと見えているけれど、目線の高さから低いところへと離れていく。

「お～い、着いたぞ～」

前からおとうさんの声が聴こえる。ようやく私も追いついた。駐車場には何台か車が停まっている。


白米の千枚田……

海に向かって、ず～っと棚田が並んで下りていっている。吸い込まれていくような、緑の稲の波だ。

「うわあ、すごいなあ」自転車を停めたおとうさんが声を漏らした。私も同じ言葉しか出ない。下の方の田んぼのあいだを歩いている人影が蟻のように小さく見える。端っこまではかなりの距離があるのだろうけれど、緑色の稲がず～っとそよいでいるので、距離感が現実的でなくなっている。

海の青、棚田の緑、そしてこの青空。

また、ガイドブックどおりだ。

うれしい！

「下りていってみようか」

「うん！」

田んぼは一〇〇四枚あるらしい。ブロックごとのあいだの径は舗装されている。ブロック内の田んぼのあいだは普通の畦道だ。ほおかむりをして作業をしているおばさん、いや、おばあさんもいる。観光客もゆったりと歩いている。

稲の香りが強く鼻を刺してくる。ビデオや写真を撮って残しても、この香りとセットで残しておけるのは自分の記憶の中にだけなんだなと、長寿ヶ滝の帰りに思ったことを改めて自分に言い聞かせた。そして、空の青と海の青と稲の緑とその香りをまとめて、自分の眼のフレームに収めて、そして、吸い込んだ。隅っこに小さく、おとうさんの姿も入れておいた。

いちばん海寄りまで歩いていくと防波堤のように固められていて、その下は砂浜になっていた。見上げてみると、下りてきた道はかなりの傾斜だった。この坂を上って戻るのか、と思っていたら、「カメムシ追放！」と私を突きとばしておとうさんが走って上っていった。「なによ〜」と言って私は追いかけたけれど、二人ともすぐに脚が停まってしまった。やはり、かなりの傾斜だ。「自転車より疲れるな、まいった」とおとうさん。

下りてきたんだから上っていかなければいけないわけだけれど、私は下りてきたことを後悔していない。上ったら下りがある。下ったら上りがある。だから自分の選んだことを後悔なんてしても、しょうがない。そうだ。学校に行かなくなったことを後悔なんてしたって、しょうがないんだ。進めばいいいんだ……

おとうさんが私を自転車旅行に連れ出したのには、そんな意味もあったのかもしれないな……と思っていたら……　前を歩いていたおとうさんはつまづいてコケた……　そんなことないか……　自分のペースで進めばいいだけか……

上り切ると、かなり息が切れた。
もう一度、広く、千枚田を見下ろす。
海と空と稲。
きっと、この風景も忘れないだろう……

35 民宿〝いろは〟のおねえさんとかん吉、さん平

千枚田の外では、ござを敷いて露店を出しているおばあさんがいた。手作りのワラジのお守りがあったので、買ってもらった。

「ずっと脚が元気でいられるように、っていうお守りだよ」とおばあさんが言っていた。

千枚田をあとにしても上り下りの繰り返しだった。なんとかギアチェンジでやりくりできている。そのうち、平坦な道のりが続くようになった。右手に海という景色は変わらない。見飽きることはないけれど、平坦なのにスピードが出なくなってきた。

「平らなところでは距離をかせぐぞ」とおとうさんが振り返って叫ぶけれど、ペダルが重くなってきてなかなか進まない。

それでも道沿いの田んぼが減っていき、建物が増え、やがて輪島の市街地に入った。いつのまにか陽は大きく傾いて、空は灰色に霞んできていた。銀行や商店などの姿が見える。

六時半に、いろは橋に辿り着いた。工事中で通れず、迂回して別の橋を渡る。山に囲まれ、

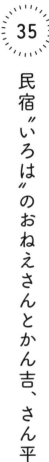

したかんじだ。

川が海に注ぎ込む港町だ。瓦屋根の家が多く、建物が低いので、街全体がゆったりと広々とした

交差点のかどに宿を見つけた。

〝民宿いろは〟

一階はサッシのドアから中が見えていて、釣具がたくさん置いてあり、倉庫みたいになっている。

「こんにちは〜」と二人で大きな声を出すと、奥からおねえさんが出てきた。

「あら、いらっしゃい、お疲れさま」と迎えてくれた。

倉庫スペースに自転車を入れて、階段を上がっていく。二階を過ぎるときに柵があって、シーズー犬が二匹、顔を出してきた。私が立ち止まって手を出すと、柵越しに二匹ともなめてきた。

「かん吉とさん平っていうんだよ」とおねえさんが教えてくれた。シーズーは元々、おとなしい犬種だけど、人なつっこくてのんびりしたかんじの二匹だ。

三階の部屋に荷物を置いて、夕ごはんを食べに街中へ出る。また、自転車で。

川沿いを走って橋を渡り、細い路地に入る頃には、あたりはすっかり暗くなってしまった。飲食店の灯りがいくつも並んでいる。

おねえさんが教えてくれた〝錨（いかり）〟というお店の暖簾をくぐる。

「いらっしゃい！」と威勢のいい声。お酒を飲むお店みたいだ。L字型のカウンターと座敷席がある。

「娘と夕ごはん、食べたいんですけど」とおとうさんが言うと、

「大丈夫ですよ」とカウンターの中のおじさんが答えた。他に女の店員さんが二人。お客さん四人はみんな、お酒を飲んでいる。これは、まずいぞ……

おとうさんは自転車旅行中はお酒を飲まないって私に約束したけれど、大丈夫だろうか？　だいたい、今まで飲まなかったのが奇跡に近いくらいなんだし……　キャンプ場でバーベキューのときなんて、よく我慢できたと思うけれど……

36

“錨《いかり》”のみなさん

私たちもカウンター席に座って、黒板のメニューを眺める。

「おさかなはみんなおいしいよ」とお客さんも声をかけてくれる。

ごはん、お味噌汁、かますの塩焼き、あじスズキのお刺身、サラダなどを頼んだ。親子連れは珍しいのか、お客さんたちは機嫌よく話しかけてくれる。

自転車で旅行をしている話をすると「へえ、すごいな」とみんな驚いた。東京からずっと走ってきたと思われると困るので

「氷見までは電車で来て、そこから自転車で来たんです」と説明した。

「でも、すごいな」と言われたので、氷見から輪島まで一日で来たと思われているんじゃないかとおそれて

「一日で来たんじゃないですよ」と言うと、

「そりゃあ、そうだろ」と笑われた。おとうさんもニコニコしていた。

「でもすごいよ、おねえちゃん」と一人が言って、

「どこまででも行けそうだな」と別の人が言った。

「おとうさんも一杯、飲まないか？」と一人が言って、ビール瓶を持ち上げたので、どうするんだろう、と思っていたら
「ありがとうございます。でも、この子との約束で、旅行中は飲まないことにしているんです。この子もがんばっているんだから、自分も何かしなくちゃって。あと、安全祈願です。飲み出すと止まらないんで……」とおとうさんは答えた。家ではほとんど毎日飲んでいるくせに、えらいな、とちょっとだけ思った。そうしたら一人が、

「えらい！　気に入った！　よし、飲んでくれ！」と訳のわからないことを言い出したので、おとうさんは調子に乗って
「じゃあ、一杯だけ」とお水を飲んでいたコップを向けて笑ったけれど、もちろんポーズだけだった。そして、みんなで笑った。

焼魚もお刺身も、とけそうなくらいおいしかった。食事をしながら、お客さんやお店の人たちと、今までの道のりとこれからの道のりの話をした。

どんな上り坂よりもビールを飲まない約束を守るほうがキツい、というようなことをおとうさんが言うと、そうかもしれないな、とみんなが笑った。

「猿山岬灯台ってところはどうですか？」とおとうさんが訊くと、

「ああ、あそこはいいよ。絶対、行ったほうがいい」と少し酔っ払ってきたおじさんが答えた。

私はつみれのお味噌汁を飲みながら、どんなところだろうと想像してみた。ガイドブックには載っていなかったから、あまり有名ではないところなのかな?

「そうだ、御陣乗太鼓ショーをやっているから、観にいってみれば」とお店の人が言った。

近くのホテルの前で郷土の伝統芸能をショー形式で見せているらしい。

「おいしかったです。ごちそうさま」と言うと、みんなが「がんばってな」と言ってくれた。

37 御陣乗太鼓

路地を出て川沿いをまっすぐに行くと、人だかりができていて、御陣乗太鼓ショーは始まっていた。

太鼓の音にあわせて、仮面をかぶった髪の毛もしゃもしゃの、着物をきた人たちが踊っていた。これは、上杉謙信の兵に攻められた奥能登の村人たちが、木でお面を作って海草を頭にかぶり、農具を持って立ち向かって戦ったことに由来しているらしい。

お面は黒く、怖い顔をしていて、つけ髪であろう長髪を振り乱している。太鼓の音は足の下から、お腹いっぱいになった私の胃袋をせり上がって喉元にまで響いてくる。

すごい迫力だ。

四人が踊っていて、動き、入れ替り立ち替りに太鼓を叩いている。スポットライトがその周りだけを照らしていて、あとは暗がりに包まれているので、すごく立体感がある。

私たちが着いてからは、ほんの五分くらいで終わってしまった。拍手が沸き起こって、お面と踊り手たちと観客が記念撮影をしている。私も順番を待って、写真を撮らせてもらった。

少しだったけれど、観ることができてよかった。

音が鳴りやんで人波が引いていくと、夜の静寂が深くなった。川沿いをゆっくりと走って宿に戻るとき、キャンプ場ほどではないけれど、きれいな星空が私たちをやさしく見下ろしていた。

宿の階段を上って二階を通るとき、かん吉とさん平と少し遊んだ。ひと声も吠えなかったけれど、二匹ともとても楽しそうに見えた。

お風呂に入ってから部屋に戻り、テレビから「北京オリンピックで……」「東京は大雨で……」という声が聴こえてきたけれど、どこか遠くの別世界の出来事のようにしか聞こえずに……　ムニャムニャムニャ……

38

おねえさんの絵手紙と輪島朝市の勾玉ペンダント

八月八日
七時に起きた。部屋でパンを食べて、一階の倉庫に下りて自転車を出そうとすると、私のサドルの上に、絵手紙が置いてあった。宿のおねえさんからみたいだ。

〝父と娘の自転車旅行、うらやましいなあ、がんばってね〟と書いてあり、スイカが二切、色画用紙で切り貼りしてあった。目隠しして棒を持ったおとうさんみたいなドジっぽい人の絵と、たぶん私だろう、女の子の絵が描かれている。

私がじっと手紙を見ていると、おとうさんも覗き込んできて「わあ、うれしいね」と言った。ちょっと、ジーンとくる……

荷物は倉庫に置いたままで、輪島市内を走る。今日も朝から真っ青な空だ。もう何日か雲を見ていない気がする。

港を走ると、小さな船があちこちに係留されているが、人影が少ない。時折、おばあさんが地面に魚を干している姿が見える。ぐるっと回って、鴨の浦を過ぎた。静かな海だった。

「朝市へ行ってみよう」とおとうさんが言った。

朝市の通りは、港や鴨の浦から一転して、すごい賑わいだった。一直線の道路の両肩に露店がびっしりと広がっている。ござを敷いて品物を並べているおばあさんもいれば、屋台の店もある。沿道の普通の飲食店も朝早いのに営業している。

魚の干物や野菜が圧倒的に多い。とても大きなとうがんがいくつも転がっていて、びっくりした。

「おねえちゃん、買っていかんね」と何度も声をかけられて、どう答えていいのか困ってしまう。

私たちは、〝えがらまんじゅう〟というのを、おいしそうなので買ってみた。

輪島塗のお店にも入って見学してみた。

「私の家のお味噌汁のお椀と大してかわらないよ」と言うと、おとうさんは値札を指差して目をまんまるにして首を振った。

その後、露店で脚を停めたおとうさんが、

「ほら、どれか、買ってあげるよ」と言って、勾玉のペンダントが並んでいるところを指差した。

「真脇縄文公園で作れなかったからね」

そうだ。草の中を走り回ったり、中学生たちと挨拶を交わした公園で、時間がなかったのでペンダント作りができなかったんだ。憶えていてくれたのか。

「わあ、ありがとう」

私は桃色の勾玉を選んで、ツルンとした石をそっと撫でた。

「うん、その色が似あうね」とおばさんが言って、私はすぐにペンダントを首にかけた。

39

またドジをしたおとうさん

宿に戻って倉庫で荷物を積む。大リュック・60リットルは今日もパンパンに膨らんでいる。ゴム製の荷造りひも二本で、おとうさんの自転車のリアキャリアにしっかり装着される。走行中はほとんどそこに鎮座したままになる。

「よし、じゃあ、いこう」

「うん」

おねえさんは不在だったので、そのまま出発して街中を走る。神社、学校、商店…… 小さくまとまったかんじの街だ。

「輪島って街がすきになっちゃって、湘南から来て、住み着いちゃったんだよ」とおねえさんは言っていた。

上り坂がやってきた。今日もがんばらなくちゃ、と思ってペダルに力をこめていたら、前を走るおとうさんが大きな声をあげて停まった。

「あっ！　小さいリュック、忘れた！」

そういえば、おとうさんの背中はまっ平らだ。いつも走行中に背負っている、20リットル・小リュックがない。後ろを走っている私も気づいてあげられなかったわけだけれど……なんてドジなんだ……

「自転車こいでて、楽だなあ、って思っていたんだけど……　どおりで背中が涼しかったわけだ」

宿の倉庫に忘れてきてしまったのだろう。走り始めてまだ十分くらいだからよかったけれど、もっとずっと先に行ってから気づいていたとしたら、と思うとぞっとする。ホントに世話がやける。

一度通り過ぎた学校や神社をやりすごし、倉庫に戻ると、小リュックがふてくされたように床の隅に転がっていた。

おとうさんは「あ〜、あった」と言い、私はため息をついた。

気をとり直してもう一度出発、街中を走ると、宿のおねえさんが歩いてくるのに出会った。

「荷物、忘れちゃったから、取りにきたんです」とおとうさんが言ったので、私は、「ドジなんです」とおとうさんを指差した。

おねえさんは笑って「気をつけてね、がんばって」と言ってくれた。もう一度、おねえさんに会えたなんて、おとうさんのドジは、よく役に立つな、と思った。

「絵手紙をありがとう」とおとうさんが言って、私は「さようなら」とできるだけ大きな声を出した。

青い空の下に瓦屋根が並ぶ輪島の細い街角で、私の声は思いの外、大きく響いた。

40 工事現場のおじさんたち

仕切り直しで上り坂だ。私の顔に虫がぶつかってきて、休憩のときにそのことを話すと、「どんなに近くにいたって、サドルに腰掛けてペダルをこいでいるときは一人なんだから、いろいろ起こったことや気づいたことを話してくれよ」とおとうさんは言った。そうだ。どれだけ仲良く一緒にいたって、同じ風景を見ながら走っていたって、私の自転車は私がこがなければ動かないんだし、こげなくなったら私が押さなければ進まないんだ。そういうことだ。

「それから、走りながらって、いろんなこと、考えられるだろう」とも言った。そして、「でも、ボーッと考えていたら転ぶぞ、ドジなんだから」と言われたので「ドジはおとうさんのほうでしょ」と私は笑って言い返した。

家並みが姿を消し、上りは急勾配になり、右手はまた一面の海になった。そのうち陽が高くなると左手からはヒグラシが大合唱で応援してくれるだろう。

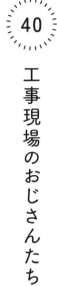

道幅が狭いところもあるけれど、交通量が少ないので安心だ。相変らず上り坂を前にするとおとうさんは〝ヤツが来たぞお〟と叫ぶけれど、私の方を振り返る回数はかなり減ってきた。

左の車線で道路工事をやっているところにさしかかった。私が通り過ぎるときに、ヘルメットをかぶった作業服のおじさんたちが、

「おねえちゃん、がんばれよう！」と手を振ってくれた。私はうれしかったけれど、ペダルをこぎ続けるか諦めて押して上っていくか、ギリギリのところで踏んばってこいでいるところだったので、停まってお礼を言うことができなかった。ペダルをこぎながら、「ありがとう」と言うと息が切れてしまって、フウ、と息継ぎをしてから「ございます」と付け加えた。私が作業現場の横を通り過ぎてからも後ろから、オーッ、と励ましてくれる声が続いていて、たぶん両手を大きく振ってくれているのがわかった。後ろを振り向くことはできなかったけれど、少し前で停まって待っていたおとうさんが、そのかっこうで応えていたから……

私はおとうさんのところまで追いつくと、そこで停まって振り返り、二人でおじさんたちに手を振った。やっぱりみんな、両手を振ってくれていた。

おとうさんはすごくうれしそうで、

「ありがとう、フウ、ございます」と私の真似をして茶化したけれど、その声がちょっとだけ潤んでいたような気がした……

41 間垣の里から男女滝《なめたき》へ

海は穏かに下に見える、と思っていたら、道が下りになり、平坦になり、下りになり、を繰り返し、大沢漁港に出た。朝市で買った〝えがらまんじゅう〟を自転車にまたがったまま食べた。「おいしい！」と思わず声が漏れた。甘さが体じゅうに染み渡っていってエネルギーになっていくのを感じる。

崖に囲まれた小さな港には人影が見えなかった。

高い竹を連ねて垣根を張り巡らせた、間垣の里を走り抜けていく。

少しずつ、また上っていき、海から離れていく。

十一時半。陽射しが痛いくらいに強くなってきた。この時間帯に上り坂はキツい。がんばってペダルをこぐ。軽トラックが時折、私たちを追い越していく。バス停の標識があるが、バスの姿は全く見られない。

男女滝に着いた。自転車を停めて砂利道を歩いていく。滝の流れは通り沿いから見えていたけれど、近づいていくと、なぎ倒された木々や丈高い雑草が深くて、流れまで辿り着くことができなそうだ。

「だめだ。眺めることしかできないな。残念だけど、ごめんな」とおとうさんは自分が悪いみたいに言った。

「しょうがないよ」と私は言って、滝の流れを見上げた。風景と音だけは刻み込んでおこうと思った。

私より何倍もがっかりしていたおとうさんを元気づけて上り坂に戻ってこぎ始めると、道がカーブして数十メートルも行ったところに〝男女滝〟のバス停があった。そこからは歩いてすぐに滝の流れに近づいていけそうだ。

「なんだ！　こっちから入れるみたいだぞ！」と一転してうれしそうにおとうさんが大声をあげた。私もうれしくなった。

自転車を停めて、ビーチサンダルに履き替えて流れまで下りていく。下の方は穏やかに岩肌をなめるように水が流れている。ところどころに水が溜まった窪みがあるけれど、膝くらいまでの深さしかない。その水はさらに下へと流れていって、さっき私たちが入ることができなかったなぎ倒された木々のところへと続き、平坦な流れとなって川へ注いでいる。私たちより上の方は、しだいに岩肌が急傾斜になっていき、かなり高いところからは勢いよく水が流れ出している。岩全体の横幅がどっしりとしていて広い。

私たちは窪みに溜まった水に足を浸して座った。冷たさが体の上の方にまで染み入ってくる。これもエネルギーとして蓄えられていく感覚がある。

周りの木々からはアグラゼミの声が聴こえる。ヒグラシはまだ寝坊中だろうか……

気持ちいい……

42 男女滝の男の子

岩肌を登っている男の子がいた。両手両足をついて、トカゲみたいにスルスルと上ったり下りたりしている。そのおとうさんがそばにいて「こら、そんなところに行ったらあぶないぞ」などと言っている。

おとうさんが話しかけてみると、その親子は鹿児島から来たということで、男の子は四歳だった。

「金沢の親戚に用があって、ついでにドライブしてるんです」と話してくれているあいだにも、男の子はあちこち動き回って服をびしょびしょにして、滑って転んだりしている。

「こら！　やり過ぎだ、おまえ。こっちこい！」と叱られて、男の子は私たちの方へ来た。

私たちが「こんにちは」と言うと、男の子は「ほら、あいさつしろ」と言われ、照れくさそうにニコニコしているだけだった。そして、どこかから拾ってきた枝を上げ下げし振り回しているうちに、そのおとうさんのあごにぶつけてしまって「いてっ！　このやろう！」と頭をひっぱたかれていた。自分が男の子だったらおとうさんもこんなかんじだったのかな、と想像してみたけれど、上手くいかなかった。

陽射しを受けてキラキラと光っている岩肌を上って、男の子は行ってしまった。

「自転車で走ってるんでしょ。さっき車で追い抜いたから……すごいね。何歳？」と訊かれた。九歳です、と答えると、

「いいなあ。ウチの子ともそんな旅行してみたいけど、あいつ、根性ないからな。四歳なのに、まだ補助輪付けてる」と言った。

私は「そんなこと、ないです。絶対、大丈夫です。私は七歳になるちょっと前に、やっと補助輪なしで乗れるようになったんです」と少しムキになって言った。そのおとうさんは、私がムキになったことに驚いていたけれど、私のおとうさんはうれしそうに笑っていた。

だって、あんなに岩肌をするすると上っていけるんだから自転車なんてすぐ乗れるようになるよ……　それに、私のおとうさんの言葉を借りれば、いつ乗れるようになるかなんて大した差はないんだ……

私たちはしばらく水に浸かってから別れを告げた。上の方にいた男の子にも「さようなら」と声をかけると、やっぱり照れくさそうにして、それでも手は振ってくれた。陽を背に受けて岩の上に足を広げて踏ん張っている男の子の姿を見て、〝だいじょうぶ〟と心の中で

声をかけた。

自転車にまたがるときに、

「ねねがムキになってうれしかった」とおとうさんが言った。

十二時過ぎの上り坂はキツい。左手は田園風景、右手は林。ハンドルを握る腕はさらに黒く焼けてきたようだ。汗が流れる。

後ろから来た車がクラクションを鳴らし、スピードを落とし、声をかけてくる。

今度は男の子も「さようなら」と窓から顔を出して言ってくれた。私は片手をハンドルから離して手を振った。あれっ……？　私、片手運転なんて怖くて、一瞬だってしたこと、なかったのに……

「さよおならあ！」ともう一回、大きな声を出すと、遠ざかっていく車から
「がんばれえ！」という男の子の声が聴こえた……

43 皆月湾へ

民家が時折見える穏やかな上り坂を進んでいく。小さな商店があったけれど、飲みものしか置いていなかった。道を訊ねてみると、どうやら予定とは違う道を来てしまったようで、「少し戻って右へ曲がりなさい」と教えてくれた。やっぱり、おとうさんはドジだ。次に来るときには私もしっかりと地図を見れるようにしておかなくちゃ、と思い、こんなにキツい上り坂が続いているのに次の自転車旅行のことを考えている自分に驚いた。この体験は、確実に、私という人間の一部分になっている。大げさに言えば、そういうことなのかもしれない。おとうさんは地図を見ながらブツブツ言っている……

さらに上っていき、道が別れる。一気に下っていく。

「やったあ！　気持ちい〜い」とおとうさんは叫んで、また、ペダルから足をはなして大きく広げて伸ばしている。あぶないなあ、と思いながらも私も気持ちが解放されていく。両脇の木々が猛スピードで後ろへ遠ざかっていく。

風がうなる。

ブロックタイヤがうなる。

私と自転車が一体となって下り続ける。

やがて、両脇の木々が消え、正面に一面の海が現れた。とても懐かしい気がした。

下りは続く。このままだと海に突っ込んでいってしまうのではないかという気さえした。

空はやっぱり青くて、海はもっと深い青だった。


下りの勾配はしだいに緩くなり、無理なブレーキをかけることもなく、海沿いの道につきあたって停まった。

皆月湾だった。

左折する。

右手に穏やかな海、左手に旅館、民宿、自動販売機が並ぶ。地元の子供の姿が時折見える。平坦な道のり。静かな時間。

「あっ！　地図を落としてきちゃった！」とおとうさん。またか、どこまでドジなんだろう。さっき、自動販売機でお茶を買ったときじゃないか、と私が推理してみると、やはり地図はそこに落ちていた。

「さすが、ねね。はやみねかおるのドジ探偵の本をよく読んでいるだけのことはあるな」とおとうさんが言って、私はため息をついた。

まったく、ドジ探偵、なんて言えた義理じゃないよ……

44
猿山岬灯台へ

平坦な道を進むと、また間垣が現れた。

間垣が途切れてしばらくすると、上りが続き、やがて海が右手に見えなくなった。内陸に入ったわけではなくて、海沿いを走っているのだけれど崖を上がっているかんじで、海が視界に入ってこないのだ。右手の下から、かすかな波の音は聴こえてくる。左手は林。ヒグラシの声。傾斜がキツくなり、ペダルをこげなくなってしまった。自転車を押して上っていく。おとうさんが待っている。ペットボトルを渡される。飲む。休む。こぎ始める。背中が小さくなる。停まってしまう。押していく。

「だいじょうぶかあ」と前から大きな声。

「だいじょうぶ」と答える。

追いつく。ペットボトル。飲む。休む。こぎ始める。背中が小さくなる。停まる。押す。

「だいじょうぶかあ」

「だいじょうぶ」

追いつく。ペットボトル。飲む。休む。こぎ始める。背中が小さくなる。停まる。押す。

「だいじょうぶかあ」

……声が出なくなる……

リン、リン、リーン、

リン、リン、リーン、

ベルを鳴らしあった。

追いつく。ペットボトル。飲む。休む。こぎ始める。背中が小さくなる。停まる。押す。

リン、リン、リーン、

リン、リン、リーン、

追いつく。ペットボトル……　繰り返し、繰り返し、繰り返し……

待っていたおとうさんが「がんばってるよ、ねねは……」と言う。自転車を押しているときは地面しか見えない。かすかな波の音。ヒグラシの声……

待っているおとうさんが心配顔になってくる。それでも……　繰り返し、繰り返し、繰り返し……

右手に鬱蒼とした背の高い草や壊れた掘っ立て小屋。

どのくらい進んだのだろう。

どのくらい経ったのだろう。

砂利の敷きつめられた駐車場に着いた。車の近くに四人のおじさんたちがいる。私たちを見て、

「えっ？　自転車で来たの？」

目を丸くしている。おかしかったけれど、疲れて笑いも出てこなかった。

もう三時になっていた。ここが遊歩道入口。

「灯台まで、あと十五分くらいは歩くよ」と教えてもらったけれど、たった十五分ぽっち、と思った。

自転車を置いて、石の転がる泥の遊歩道を歩き始めた。もう、ゆっくりでよかった。足場が悪くて、時々、おとうさんが手をとってくれる。左右に木々が繁っていて視界は狭いけれど、はっきりと波の音が下から聴こえてくる。ヒグラシも休みなく鳴いている。そして……

着いた。

猿山岬灯台。

「着いたね」

いつも大声を出すおとうさんがポツリと言った。

灯台の周りには柵があって、入ることはできない。外壁さえ触ることもできない。鬱蒼と

した草に遮ぎられて海を見ることもできない。しかも、私たちからは逆光で、大きな灯台の影を見ているようだ。それでも、今まで辿り着いたどの灯台よりも素敵な気がする。

「着いた」と私も言った。

「また、先っぽまで来れたね」とおとうさんが言った。そう、海の姿は見えなくても、確かに灯台、崖の上、岬に立っているんだ。

「また、先っぽに来たぞう！」とおとうさんが叫んだ。

「また、先っぽに来たぞう！」と私も叫んだ。

私の声の方が大きかったような気がするし、おとうさんの声には涙がまじっていたような気がした。

私も、おとうさんも、空気をたくさん吸い込んで、心にしまった……

45

林道から深見港、夕方五時のお昼ごはん

岬からは、来た道をそのまま戻るのではなくて、途中から分かれていく林道に入った。また、おとうさんのドジで迷ってしまうような気がしたけれど、もうそれでもいいや、と思った。

林道も初めは上り坂で、私が遅れて離れてしまったときには、リンリンリ〜ンとベルを鳴らしあった。道は曲がりくねっていて、おとうさんの背中が見えなくなってしまうこともあったけれど、「だいじょうぶかあ」の声と、リンリンリ〜ンの音は、必ず私のそばにあった。私を追い抜いた軽トラックが停まって、「おねえちゃん、大丈夫なのか」と心配してくれた。「前におとうさんがいるから大丈夫です」と答えると、おじさんは「そうか、がんばれよ」と言って、笑って走り去っていった。おとうさんに追いついたときにその話をすると、すごくうれしそうな顔をして、私の頭をくしゃくしゃくしゃっと撫でた。

別れ道に入るとずっと下りになった。木々の繁みがしだいに低くなり、視界が広くなっていった。皆月湾へ下りていったときと同じ感覚だ。おとうさんは、ペダルから足を放して大

きく広げるお決まりのポーズで風を浴びて、「気持ちい〜い」と叫んでいる。私もほんの少しだけ、ペダルから足を放して、声だけは負けないように大きく「気持ちい〜い」と叫んでみた。

下りたところは深見港だった。

海沿いに平坦な道を行く。

あれだけの上りを経験した後だったので、もう怖いものはないような気がする。

海風、波の音、潮の香り、岩の影……　これだけ味わってきたのに、まだ飽きないのが不思議だ。でも、さすがにお腹が減ってきた。よく考えてみたら、えがらまんじゅう以来、何も食べていないのだ。お店なんて全くなかった。陽はまだ、だいぶ水平線の上の方にあるけれど、沈み始めると加速がついてあっという間に暗くなってしまうことを、この旅行中に身にしみてわかっていた。それでも、今日は不安を感じない。私は、猿山岬を上ってきたのだから……

五時過ぎにようやく通り沿いにカフェギャラリーを見つけ、冷しうどんを食べさせてもらった。このお店にもレトリバーがいた。〝もも〟に会ったのも、だいぶ前のことのような気がする。

「五時にお昼ごはんなんて、思い出になるね」とおとうさんが言った。本当にそう思う。猿山岬灯台までの道のりとあわせて、きっと忘れないだろう。

うどんをペロリと平らげて、お店の人たちに「気をつけてね～」と言われ、海沿いの道に戻る。

46 よかった、あそこまで上って……

西陽はどんどん傾いてきているけれど、琴ヶ浜というところで休憩した。鳴きの砂浜といって、きれいな白砂が、歩くたびにキュッキュッと音をたてる。

もう、六時半。

「こんな時間になってもまだ遊ぶなんて、われわれは遊びの天才だな」なんておとうさんは言っていたけれど……

そのあと、またおとうさんは道を間違えて少し戻ったり、とそんなことをしているうちに、七時過ぎ、ヤセの断崖あたりで陽が沈んでしまった。

海沿いなのはわかっているけれど、草が丈高く繁っていて海面は見えず、街灯も少ない。車もほとんど走っていないので、また、二人で横並びで走った。

赤崎という集落に入ったけれどひっそりとしていて、家々からもあまり灯りが漏れてこない。次の西海という集落にお店があったので、チキンだとかパンなど、すぐに食べられるものを買い漁った。今夜はキャンプ場泊だけれど、到着してから火を起こして調理というのは無理、という判断だ。

増穂浦リゾートキャンプ場に着いたときには、もう八時になっていた。管理人のおじさんは「やあ、がんばったねえ」と言ってくれたけれど、私はほとんど口もきけないくらい疲れきっていた。

松林に囲まれた常設の高床式テントにもぐり込むと、買ってきた食料を片っ端から平らげた。

海側から打ち上げ花火の音が聴こえてくる。

「今日は本当にがんばったな。おとうさん、猿山岬へ行く途中で何回か引き返そうかって思ったんだよ。戻って、楽な道を走らせようかなって……」とおとうさんは言った。

……戻ったとしたらどうだったんだろう。あの灯台は見れなかった。おじさんたちが目を丸くしているのも見れなかった。海に向かって叫べなかった。追い越していった車の人に会えなかった……　それだけのことかもしれない。でも、きっと、私の中にある、この達成感も生まれてこなかったんだろうし、おとうさんの叫び声に涙がまじることもなかっただろう。

それはきっと、とても大切な、大きなことなんだろう。

「もうそれ以上、真っ黒に日焼けできないはずだろう。それなのに自転車を押してくるねねのほっぺは、まだ真っ赤になっていたんだよ。それを見たら、おとうさん、引き返しちゃいけない、って思ったんだ」

おとうさんの言葉のあと、テントの中はシーンとして、それから花火の音が外でポーンと弾けた。

よかった、あそこまで上って、と私はもう一度、思った。

お腹が膨れたら急速に眠くなった。夕陽が沈んでいくような速さで眠気が押し寄せてきた。少し、テントの外を散歩した記憶もあるけれど、いつの間にか心地よい夢の中に入っていた……

休憩 TEA BREAK

ねねの物語も終盤です。

能登半島の旅で、禄剛崎、猿山岬と灯台に達しました。

ねねと父親は、自転車旅行以外でも、灯台やお城、滝、低山ハイキングなどへ、よく行ってきました。

ねねが初めて灯台に行ったのは、房総の野島崎灯台。

以来、犬吠崎、観音崎、城ヶ崎、塩屋崎、伊良湖岬、清水、沢田、御前崎、石廊崎、安乗崎、大王崎、御座岬、麦崎……　数え切れないほどの灯台に行ってきました。

能登半島以降の自転車旅行でも、尻屋崎、大間崎、高野崎、龍飛崎、潮岬、樫野崎、梶取崎、宗谷岬、室戸岬、足摺岬、長崎鼻、佐多岬、経ヶ岬、入道崎、都井岬……

陸の先端まで行きまくっています。

海を、陸の先端から眺めると、なんだか、懐かしい気持ちになるのは私だけでしょうか。

生き物はみんな、海から生まれて進化してきたのだといわれています。
まだ私は、進化しきれていないのかなあ……

ちっぽけですよね、人間なんて……

その、ちっぽけな、ちっぽけな存在、ねね。
その、ちっぽけな、ちっぽけな、チャレンジ……

あと少し。

見守ってください。

47

一枚だけの桜貝

八月九日

七時前に目が覚めた。

また、朝から青空だ。雲はひとかけらも見えない。管理棟に用事があったおとうさんを残して、私はテントエリアから松林を抜けて砂浜へ出た。ここは、桜貝がとれるところとして有名らしいので、探してみようと思った。

砂は白くて、手ですくうとサラサラとこぼれ落ちる。歩きながら、足で砂をまぜ返したり、手で掘ってみたりするけれど、桜貝はなかなか見つからない。朝の静かな海が波の音をかすかに鳴らしているだけだ。

波打ち際から少しだけはなれた乾いた砂の上を、まっすぐに海沿いに歩いていく。

ひとかけら、薄桃色の桜貝を見つけた。そっと指でつまんで砂を払ってみると、大丈夫、欠けていなかった。かわいい。小さくて薄いはかない貝殻だ……

朝陽にかざしてみると、透き通ってしまうようなかんじだ。

ポケットにしまって、もう一枚探そうとしてみたけれど、どうしても見つからなかった。

そのうち、おとうさんも砂浜にやってきて、何も言わずに海の水をすくって私にかけた。

まったく、砂浜っていうとすぐにこれだ……

「聞いてきたんだけど、今は桜貝がたくさんとれる季節じゃないんだって」

夕べ、私が、桜貝を欲しいなって話したから、管理棟で訊いてきてくれたのだろう。

私はポケットから貝殻を出して見せた。すっと顔を近づけてきたおとうさんは口をすぼませて目を寄せながら、

「へぇ、よかったじゃない。たぶん今の時期はおみやげ屋さんにしかないだろうなって言われたんだけど」とよろこんでくれた。

「もう一枚だけ欲しいんだけど」と私は言った。もう一枚だけあれば、私の分とおとうさんの分と、猿山岬を越えてきたごほうびになるのに……

「そうか」と言っておとうさんも一緒に探してくれたけれど、二枚目の桜貝はどうしても見つからなかった。


テントに戻って朝食のパンを食べる。

今日も暑くなりそうだ。でも、たくさん走れそうな気がする。昨日の猿山岬までの上り坂の道のりが、私の体の中に吸い込まれていってエネルギーになっているようだ。

おとうさんは二台の自転車のブレーキやチェーンを点検して、荷物をリアキャリアにくくりつける。

九時にキャンプ場を出発するときに

「おとうさんの背中にリュックはあるかな」と訊かれたので、私は笑って

「あるよ」と答えた。

もう、忘れ物はこりごりだ。

48

世界一長いベンチから機具岩へ

今までより少し交通量の多くなった国道を行く。平坦で走りやすい。すぐに、海沿いにある、世界一長いベンチ、というところに着いた。きれいな茶色に塗られた木製のベンチが海に向きあってず～っと伸びている。

一画に座って海を眺めた。

何人くらい座れるかな、満席になることはありえないだろうな、などと思っていたら、「海岸で花火大会があるときは便利かもね」とおとうさんが言った。でもその後は、ものすごく横に太った人が独り占めするかもしれないとか、長～いヘビが一匹寝転んだらそれでおしまいだとか、避難訓練のときはすごくたくさんの人が下に隠れられるだとか、ふざけ始めたので、相手にするのはやめにした。

国道に戻って走り始めると、昨日までのような海沿いの風景が帰ってきた。

私たちの能登半島だ……

やがて海の中に機具岩が見え、自転車を路肩に停めて下りていった。

大きな岩が二つ、縄でつながれている。御神体として崇められているのだろう。近くまで歩いていくのにも、ゴツゴツした大きな石がたくさんころがっていて、転びそうになった。

岩と海だけの風景。見附島、ゴジラ岩、窓岩…… たくさん見てきたけれど、どうしてこんなに飽きないのだろう。きっとこの機具岩だって今見るのと夕焼けのときに見るのでは全然違うだろうし、夏見るのと冬見るのでも全く違うだろう。私が見ているのはほんの一瞬で、世界のほんの一部だけれど、でもそれはきっと大切な時間で大切な風景なんだろう……

さすがにこのゴツゴツした海岸では、おとうさんもふざけて回ることはできないようで「よし、次へ進むぞ。足、気をつけろよ。」と言って、あまりのんびりはしなかった。

私は機具岩もしっかりと目に収めて、心のシャッターを押してしまい込んだ。

49 巌門、おとうさんは何を忘れたんだ?

次に立ち寄ったのは巌門だった。

海沿い、少し高いところを走っていたようで、横道に入って下っていく。巌門は機具岩と違って観光地の雰囲気になっていて、おみやげ屋さんや遊覧船乗り場がある。

自転車を停めて、お店の並んだ小径を歩いていく。舗装された小径から草の繁った広場、木々に囲まれたエリアを通って磯に出た。

観光客で賑わっている。岩場を歩くので、上ったり下ったりする。岩場の奥に大きなトンネルのようなものがある。あれが巌門だ。陽の光の位置の関係で、真っ黒の枠に囲まれた細長い空間から空と水平線が見える。

おとうさんは男の人にカメラを渡して、シャッターを押してくれるようにお願いしている。

「あの、ながっぽそい門を後ろに入れて下さい」と言っている。

おとうさんは〝細長い〟をいつも〝ながっぽそい〟と言う。子供みたいだ。

おとうさんの横の大きな岩の上に私が載る。そうすると、二人の背の高さがちょうど同じくらいになった。

〝小さい頃によく磯遊びに連れていってもらったな〞と思い出していたのだけれど、私は今でも小さいんだな……　でも、この旅行は、私をちょっとだけ、大きくしてくれているような気がする……


おみやげ屋さんで、貝殻がたくさん貼りついた宝箱を買ってもらった。お店をあとにして少し歩き出すと、

「あっ！　ちょっと忘れ物した。そこで待ってて」と言っておとうさんが慌てて引き返していった。

またか、今度は何を忘れたんだ？　まったくドジだ……

戻ってきたおとうさんは、「勾玉のペンダントとわらじのお守り、宝箱。おみやげはもうおしまいだからね」と言った。何を忘れてきたのか訊いても、〝ちょっとね〞としか答えなかった。

出口のところのスタンドで、わかめソフトクリームを食べた。一人で一本全部は食べきれ

ないので、二人でかわりばんこになめた。

50

旧福浦灯台から千鳥ヶ浜へ

十二時。素晴しいお天気だ。道のりは全然キツくないけれど、陽射しが強い。

平坦な道をしばらく行くと、小さな街に着いた。郵便局や学校がある。

旧福浦灯台を探しているのだけれど、細い道が入りくんでいて、見つけられない。街中には上り坂もあって、スピードが出ないと風が切れなくなって汗が吹き出す。

ようやく、標識をみつけた。ガイドブックにも載っている名所のはずなのに、あまりにも控えめな表示だった。

細い路地なので自転車を降りて押していく。一度見えなくなっていた海が、また大きく顔を見せる。波が近い。

旧福浦灯台は、可愛らしく立っていた。標識と同じように控えめに立っていた。でも、海に臨んで、ずっと昔から見守ってきたんですよ、と言っているようだった。今まで出会ってきた灯台とは違う、まるで百葉箱の背が伸びただけのような、やさしい木製の肌をしていた。

ゆっくりと木肌を触った。

指先でコツンコツンと音をたててみた。

背伸びして手を伸ばせば屋根まで触れそうな気がしたけれど、それはやっぱり無理だった。

優しそうな灯台をおどかさないようにだろうか、おとうさんもここでは海に向かって叫ばなかった。


国道に戻って平坦な道を行く。

自分でもスピードを出せるようになってきたのがわかる。

海から少しずつ離れていく。


志賀原子力発電所のエリアを過ぎ、やがて両脇が田んぼになった。今までにも嗅いできた、懐しい稲の香りがまた、あふれてくる。録画や録音のできない、大切な時間だ。私はできるだけたくさん、空気を吸い込んだ。

赤住という街のお店でパンを買って、バス停のベンチで食べた。以前に読んだ、男の子とおとうさんが自転車旅行をする絵本のことを思い出した。その本の中では、親子はバス停で寝袋で寝たりしていた。雨に降られたり、いろんなエピソードがあった。

私たちの自転車旅行でも、いろいろなことがあった。私たちは寝袋では寝ないし、持ってきたカッパはずっとリュックの中にあるままで、氷見のキャンプ場の夜にしか雨には降られていないけれど、それでもいろいろなことがあった。そして、いろいろな人に会えた。帰ったら私もいろんなことを書いてみたいなと思った。素敵なことが、たくさんあったんだから……。

おとうさんは私の隣でお茶をこぼした。

ドジだ……。

自分の自転車が速くなっているのを感じる。

このまま、どこまででも行けそうな気がする。

高浜という街を過ぎ、千鳥ヶ浜まで、一気に一時間くらいで着いた。もう一度、パンを食べた。

「お昼ごはんが五時になったことがトラウマになっているのかな」とおとうさんが笑った。

でも、それも私たちの勲章みたいなものだと思う。ちょっと、大げさかもしれないけれど……。

51 気多大社から千里浜なぎさドライブウェイへ

さらに平坦な道を行き、羽咋市に入った。交差点では信号待ちの車もあり、急に交通量が増えた。街中を川が流れる雰囲気は、氷見や輪島と似ている。

幹線道路を外れて、上り坂から気多大社に到着する。かなり大きな由緒ありそうな神社だけれど〝8月10日はハートの日。心むすび祭〟とポスターが貼ってあって、ずいぶんくだけた催し物もやっているんだなあと思った。

境内に入ると、三つも神社が入っている大社であるのがわかった。高台に位置しているので、境内のいちばん手前の桜の木々が並んでいるところから、羽咋市街が見渡せる。

明日の〝ハートの日〟は賑わうんだろうなと思っていたら、

「あ〜あ、一日違いでねねと心むすび、できなかった」とおとうさんがふざけた。

国道に戻る。海は見えないけれど、右手にあるはずだ。

しばらく走って右折すると、〝現在、自転車通行止め〟と表示があった。

「そんなあ」とおとうさんが叫び「どうしてもねねを連れていきたいところがあるのに」と言った。

　今夜はキャンプ場に泊まり、明日は東京に帰る日だ。今まで見てきた景色を思い出すと、心がお腹いっぱいになっているような気がするけれど、まだ連れていきたいところって、どこだろう？　ガイドブックを一生懸命読んできたつもりだけれど、どれのことか、わからない。

　もう一度、国道に戻ってしばらく走り、また右折してみた。今度は通行止めにはなっていなくて、海まで出られた。砂浜まで出られた。

「やったあ！　よし！　ここを走るぞ」

「えっ？　こんなところを走れるの？」と私は訊いたけれど、車も何台か砂浜を走っている。

もちろん、波はそこまでは来ていないけれど、車が走っているのは確かに砂浜だ。

「千里浜なぎさドライブウェイっていうんだ。砂が硬くなっているから、大丈夫だよ。いこう」とおとうさんは走り出した。

　私はすぐに追いかけた。

　海に向かって傾いてきた陽が、波に照り返されている。さざ波の音。舗装路とも砂利道とも違った砂の柔らかさがサドルに伝わってくる。砂の優しさが伝わってくる。

海面がこんなに近くにあって自転車をこぐなんて、初めてだ。

潮風が自転車の高さそのままにやってくる。

「気持ちい〜い」とおとうさんが叫んだ。下り坂ではないので、ペダルから足は放さなかったけれど。

「気持ちい〜い」と私も叫んだ。大きな声で。

ゆっくりと走る車が私たちを追い抜いていく。海に入っている人たちも、優しい西陽を受けて気持ちよさそうだ。どこかにそっと飾っておきたいような、柔らかな風景だ。

楽しい時間はすぐ、終わってしまった。

「どうだった?」と訊かれて、「よかった」と、それしか答えられなかった。

他に言葉はいらないような気がする、とても温かい時間だった……

52

最後のキャンプ場

国道に戻る。最後の夜なのでバーベキューをやりたいと頼むと、おとうさんはキャンプ場に連絡して買い出しのできるスーパーを教えてもらった。

通り沿いのお店で、お肉や野菜、飲み物を買うと、おとうさんの背中には小リュックの他にも二つの荷物が被さった。私もひとつは背負うと言ったけれど、「これは、今回の旅行中の約束だから」とおとうさんは荷物をよこさなかった。かわりに、「だけど、これでねねのこと、あまり見てやれないから、自分の安全は自分で気をつけてくれ」と言われた。それでも歩道が細くなっていたり、雑草だらけのところにさしかかるたびに、後ろを振り向いては「気をつけろ！」と私に向かって叫んだ。

買い出ししてから延々と十キロは走ったと思う。おとうさんの背中は前に落ちて潰れそうになってきたけれど、それでも時々振り返って「よくがんばったな、もうすぐだぞ」と声をかけてくる。

陽が沈みそうだ。

国道から海は見えない。

右折して細い道へ入る。

田んぼが広がり、ポツポツと住居が浮かんでいる。

どこからか、夏祭りのお囃子が聴こえてくる。

広い風景だ……


歩いている人に訊ねて辿り着いてみると、目指しているのと違うキャンプ場だった。

ドジだ……


もう一度訊ねて、細い道へ入っていく。

下っていく。

両脇が丈の高い草むら。

薄暗くなってきた中、寂しいところで心配にもなってくるけれど、暗くなってから何度も走った経験が、どこかで自信になっている。


そして、七時半。

着いた……

大崎海浜公園キャンプ場。

伸び放題の草に囲まれているけれど、間違いなくここが最後の宿泊地だ。

管理人のおじさんが出迎えてくれた。場内は賑やかで、大学生の大人数のグループが来ていた。

私たちが到着すると同時に陽が暮れた。おとうさんと管理人さんがテントを設営する。私はリヤカーを借りて、薪を積んで運んだ。

おとうさんが火を起こす。

私はお米を研ぐ。

盛り上がっている大学生たちが話しかけてくる。

自転車で能登半島を一周してきたことを話すと、「え〜、すごいね〜」とみんな驚いていた。猿山岬で会ったおじさんたちが目を丸くしていた顔を思い出した。

でも、一周してきたことを話したことで、この旅行がもう終わっていってしまうのかと思い、少し淋しくなった。

薪を足していき、飯盒を載せ、網の上でお肉と野菜を焼く。テントのすぐ前に炉があり、切り株の椅子に座って、焼けるそばからどんどん食べる。ごはんもいい具合に炊けていた。

53 二枚目の桜貝

二人で、今日までの旅の話をした。

私は、走り切れるか心配だったということから話した。

長寿ヶ滝や見附島や千枚田の話もした。

禄剛崎も垂水の滝も、南アルプス市の若おじいさんと若おばあさんも、男女滝の男の子も、おねえさんとカン吉とサン平も、富山県からのおねえさんたちも、レトリバーの〝もも〟も、遠い昔に出会った風景や人たちのような気がした。つい、昨日の猿山岬でさえも……旅の途中で届かなかったおとうさんの眼鏡は、すず塩田村のおばさんが東京に送ってくれるらしい……


食事の途中で「これはおとうさんからのプレゼントだ」と言われ、小さな袋をもらった。開けてみると中には、小さなボトルの水の中に入った桜貝があった。ユラユラと薄桃色の貝殻が泳いでいる。

そうか、きっと、巌門のおみやげ屋さんで忘れ物をしたと言って戻っていったときに、買ってきてくれたんだ……　私が朝の砂浜で、桜貝を一枚しか拾えなくて、もう一枚欲しがっていたから……　じゃあ、私の拾った桜貝は、おとうさんにあげることにしよう……

「ありがとう」と私は言ってから、ポケットから出した桜貝をおとうさんに渡した。

「ん？　くれるのか？　ありがとう」とおとうさんは不思議そうな顔をして受けとった。

桜貝を二枚拾いたかったのは、二人の分だからってわからなかったのかなあ……

ごはんを食べ終わると洗い物をして、歯磨きをしているうちに急速に眠くなった。皆月湾への下り坂を下りていっているときのような加速だった。

場内には大学生たちの声がまだまだ響いていたけれど、私は旅の夢の中へ埋もれるように、深く、心地よい眠りに落ちていった。

54

油の付いた顔、再び

八月十日

七時前に起きると、朝の陽射しが早くも強く照っていた。賑やかだった大学生たちは夜中のうちに車で帰ったのだろうか、静けさだけが広い場内に残されていた。私たちのテントの他に、二つのテントが張られているだけだった。お祭りの後のような、静かな空気を大きく吸い込んで、私は自転車のサドルを撫でた。今日で、おしまいだ。

キャンプ場内をおとうさんと散歩した。海浜公園という名前だけれど、海の姿は見えない。海がすぐ近くでも視界に入らないということは、猿山岬のときに体験していたから、不思議ではなかった。

私たちの足元の短い草むらで、たくさんのバッタが早起きして暴れている。捕まえようとして追いかけた。おとうさんも追いかけ始めた。捕まえても、潰してしまわないように、丸くこごめた両手で素早くバッタを包みこんだ。何匹か、捕まえては、すぐに逃した。

「上手くなったもんだな」とおとうさんが笑った。

荒川の土手に虫捕りに行ったときには、網を使って捕まえても、なかなか虫には触れずにいたのが、ずっと前のことのように思える。

荷造りをした。テントは解体して、丁寧に並べておいた。解体は手伝えたけれど、次の旅行のときには設営も手伝えるようにしたいと思った。管理人さんは、まだ、いない。

最後のキャンプ場を見回した。

バッタはまだ、跳ねている。

「悔いはないか?」とおとうさんが訊いた。

「うん」と私は答えた。

「よし、最後、金沢駅までだ」

私たちは最後のキャンプ場をあとにした。

上り坂をしのぎ、自動車道の自転車専用路を走る。高いフェンスに遮られていて景色を楽しめない。ひび割れたアスファルトから雑草が長く伸びているのも、これまで散々悩まされてきたことだけれど、もう終わりだと思うと名残惜しい。

やがて、北陸電鉄浅野川線の線路と平行した道に出た。

午前中であっというまに腕を焼く暑さだ。そして、上り坂。

でも、もう少しで終わってしまうんだ。

淋しい……

浅野川では二ヶ月ほど前の氾濫で川岸の丈高い雑草が泥を浴びたまま寝癖のようになっている。

ガチャッ、ガチャッ、ギギギギッ、あれっ！　動かなくなっちゃった！

「おとうさ〜ん！　待ってぇ〜！」前を走るおとうさんを大声で呼ぶ。

「どうしたあ〜？」いつもの大きな声が返ってくる。

「チェーン、はずれたあ〜！」

ぐる〜っと弧を描いておとうさんが戻ってくる。

「最後にもう一回」と言ってチェーンをいじり、手早く直してくれる。

油で汚れた手で顔の汗を拭くから、ほっぺが黒くなってしまった。いつものことだ。でも、日焼けが重なった分だけ、前よりも目立たないか……

「ありがとう」と言って私が笑う。

「どした?」とおとうさんは、やっぱり油の付いたことに気づかない。いつものことだ。

「よし、もうすぐだ」

「うん」

川沿いの道を走る。左に折れると、もう市街だ。東京の街中を走っているのと、そんなにかわらなくなってきた。

それでも、空は広い。

北陸最大の街、金沢に、能登半島の反対側の氷見から走ってきた。

そして、もうすぐ、ゴールの金沢駅だ……

55 ゴール……　そして……

建物が大きく、高くなってきた。

そして……

大きな駅だ。廃線になったのと鉄道の駅舎と比べると、もう東京に帰ってきたようなかんじさえする。近未来の建物みたいだ。スーツを着た人たちも、たくさん行き交っている。

私たちは、駅の入口の横に、自転車をゆっくりと停めた。

九時半。一度壊れた百均ショップの腕時計も、正確に時を刻んでくれている。


「やったあ！」とおとうさんが叫んだ。

「やったあ！」と私も叫んだ。

おとうさんがかざした手に私はハイタッチした。

うれしかった。

私は、勾玉のペンダントを左手で握りしめて、そっと、目を閉じた。まぶたの裏には、出会った人たちの姿と風景が、ゆっくりとよみがえってきた。


駅をバックにして、私が自転車にまたがった写真を、おとうさんが撮ってくれた。

「おとうさんのも撮ってあげるよ」

私も、おとうさんの写真を撮ってあげた。

二人並んで駅をバックに撮りたい。

速足で行き交う駅前の人たちは、私たちの穏やかな速度と違っている……

ベンチに座っていた、ホームレス風のおじさんに頼むことにした。

二人の写真を撮ってもらった。

声を揃えて「ありがとうございました」と言うと、おじさんは照れくさそうに、黒くひび割れた手でカメラを返してくれた……

食べ物を買い揃えてから、自転車たちを分解して、優しく輪行袋にしまうと、私たちは長い帰路に着いた。

私の心の中に、柔らかくてとても強いものが生まれたような気がした……

（了）

あとがき

〝能登半島〟って言葉を耳にしただけで、今でもウルウルしてしまう。もし、もう一度、同じ旅ができたとしても同じ感動は生まれないだろう。ねねは九歳には戻れないのだから。

ねねが三歳のとき、私にはこんな思いが降ってきた。「三歳のときのねねにいくらベストを尽くしても、さかのぼって二歳や一歳、ゼロ歳のときのねねにベストを尽してやることはできないんだ」と。もちろん、ベストを尽すというのは、構いすぎたり甘やかしたりすることではない。

九歳の夏、ねねはベストを尽くしたと思う。

九歳の夏のねねに対して、私はベストを尽したと思える。

物語の中でねねが「匂いや手触りは残しておけない」と言っている。もっというと、〝心は心にしか記録できないし、心でしか記憶できない〟のだと思う。

帰京してからねねは、自転車旅行の物語の本を、自分で探して読んでいた。

次の夏は自分から「今年はどこを走るの？」と言ってきた。

旅で出会ったたくさんの人たちに育てられた。

感謝です。

強いだけの人間はあとから優しくなんてなれない、優しいだけの人間はあとからいくらでも強くなれる……

ねねの旅はこの後も続きます……

十六年を経て

二〇〇八年の旅の物語を書籍の形にするまでに十六年の歳月が経ちました。

この物語の主人公であるねねは、小学校を不登校のままホームスクーリングで終えたあと、中学校と高校は無欠席で通い続けて卒業しました。その間も、毎年夏、父娘で日本各地を自転車で旅行してきました。そして、大学に入学してからも就職してからも、ねねは今や父親のお守りをかねてか、私と走り続けてくれています……　十六年連続十六度目の自転車旅行を昨年九月に終え、旅行だけの走行で八〇〇〇キロの距離を二人でペダルをこいできたことになります。

ここまで続けてこれたのは、日本各地の美しい風景、道中で出会ったたくさんの親切で心優しき人たち、日々の暮しの中で支えてくれた人たちのおかげだと思っています。

この場を借りて感謝申し上げます。

ありがとうございます。

か。

〝育児〟というおよそ双方向的とはいえない言葉に私は違和感を覚え続けてきました。なぜか。

親こそが、親でいることによって、親としては子供に育てられているのではないかと、ねねと過ごしながら感じてきたからです。

子供が親の思いどおりにならない？

他者を自分の思いどおりにしようとする醜い欲望が、いじめを、いやがらせを、ハラスメントを、虐待を、さらには戦争をひき起こすのだと思う……

大切なのは、人に勝つことでなく、自分に負けないこと……

そんな想いを、ねねにも私にも根付かせてくれた、長い長い自転車旅行に多謝。

そして何より、一緒にペダルを踏み続けてくれたねねに……

……ありがとう……

ねねはともかく、父も美化して素敵な装画を描いて下さった平原早亜子さん、編集コーディネートしてくださった原幸奈さんに深謝します。ありがとうございました。

そして、読んでくださったみなさん、ありがとうございました。

平原さんの名誉のために……

本文中の拙い挿絵は著者によるものです（笑）

恩田茂夫

東京都生れ、少年期数年、札幌 手稲山麓育ち。
慶応義塾大学法学部政治学科卒。
高校教諭、保育士補、訪問介護職、障害者施設生活支援員、
認知症高令者施設職員等を経て、父娘自転車旅行家。
趣味はサイクリング、バスケットボール、ハイキング、神社巡り、
灯台巡り、樹木観察、ロードワーク、ギター、点字・手話学習、
料理、読書、音楽映画鑑賞。
著書に「学校ごっこ」(絶版)

不登校小学生ねね　父娘自転車旅行記
～能登半島一周編～

2024年2月19日　第1刷発行

著　者　恩田茂夫《おんだしげお》

装　画　平原早亜子

発行者　太田宏司郎

発行所　株式会社パレード
大阪本社　〒530-0021　大阪府大阪市北区浮田1-1-8
TEL 06-6485-0766　FAX 06-6485-0767
東京支社　〒151-0051　東京都渋谷区千駄ヶ谷2-10-7
TEL 03-5413-3285　FAX 03-5413-3286
https://books.parade.co.jp

発売元　株式会社星雲社(共同出版社・流通責任出版社)
〒112-0005　東京都文京区水道1-3-30
TEL 03-3868-3275　FAX 03-3868-6588

装　幀　河野あきみ(PARADE Inc.)

印刷所　創栄図書印刷株式会社

ISBN 978-4-434-33421-4 C0093